나 지금 어디에 서 있는가?

석계 안상기 제2시집

월간모던포엠출판부
도서출판 채운재

| 저자의 말 |

내가 설정한 곳을 향하여

산과 들을 삼켜버릴 것 같은 검붉은 태양 아래 홀로선 사내, 넋을 놓아 부르짖는 외침이 메아리로 흩어지던 대지, 눈빛이 하늘을 닮은 또 다른 이방인의 땅에서 삶의 수레에 가족이란 둥지를 싣고 헐떡헐떡 고갯길을 넘다 보니 어느덧 지천명(知天命)에 서 있다.

광막(廣漠)한 대지에 홀로 서 있었던 시절을 생각하면, 지금도 가슴이 답답하여 그럴 때마다 가슴의 문을 활짝 열곤 한다. 피부색이 다른 사람들 사이에서 살아남기 위한 수단인 언어, 그 언어가 나를 단절시킬 때의 그 답답함을 이겨낼 수 있는 힘, 그것이야말로 친절하고 정직함뿐이다.

살아남아야 하기에, "말의 파동이 우주를 움직인다."라는 말을 생각하면서 나는 그들과 말하기를 좋아했다. 그러다 보니 누군가는 나를 언어 중독증에 걸렸다고 했다. 하지만, 수시로 나 자신을 점검하고 뉘우치면서 언어스위치를 작동하려고 노력하는 중이다.

이국에서의 삶이란, 순간마다 그리움에 목말라하는 시간들이었다. 고향의 산하를 그리면서 행복해하면서, 꿈이 이루어지면 돌아가리라, 성공하면 돌아가리라, 그 꿈 이루려고 죽도록 땀 흘리고 있다. 설익긴 해도 조금씩 익히기 위해 진행 중이다.

이번이 두 번째 시집이다. 첫 시집의 제목처럼 "내가 머문 자리"에서 일어서 삶의 수레를 끌고 황금빛 석양을 향하여 더 큰 길 위에 서 있다. 내 삶의 주인이 된 문학의 꿈을 이루기 위하여 〈나 어디에 서있는가〉 주위를 돌아보고 또 돌아보면서 열심을 다하리라 다짐해본다.

2011년 8월/ 호주캔버라에서
석계 안상기 삼가

〈석계 안상기 시인〉 내가 머문 자리 출판 기념회
가족과 함께 화사한 웃음으로 보낸 시간

〈석계 안상기 시인〉 내가 머문 자리 출판 기념회

가슴 벅찬 시간 – 시종일관 웃음으로......,

〈석계 안상기 시인〉 내가 머문 자리 출판 기념회

축하 화환과 꽃다발에 묻혀......,

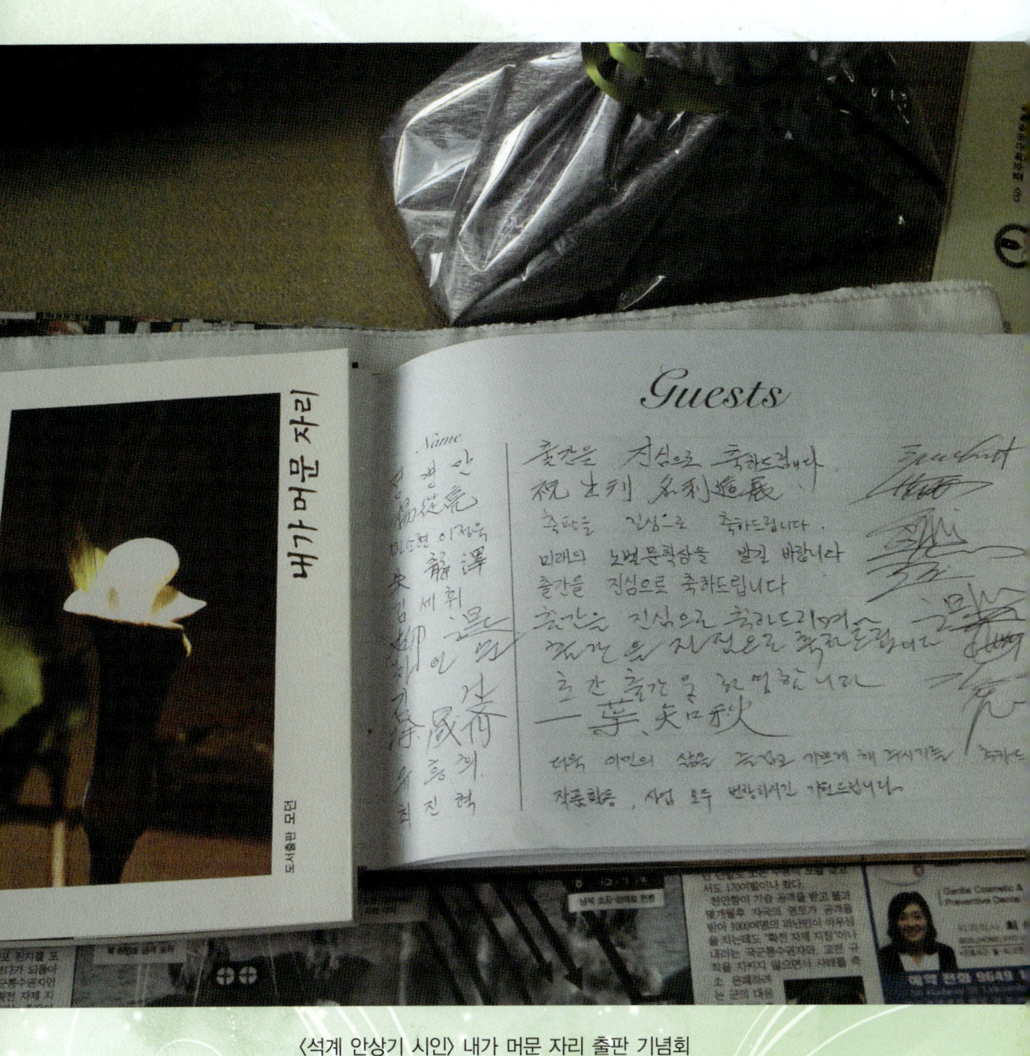

〈석계 안상기 시인〉 내가 머문 자리 출판 기념회

방명록 – 고운 인연의 흔적......,

〈석계 안상기 시인〉 내가 머문 자리 출판 기념회

사) 호주한국문학협회 회원 여러분과 함께

나 지금 어디에 서 있는가?

석계 안상기 제2시집

월간모던포엠출판부
도서출판 채운재

제 1부 | 나 지금 어디에 서있는가?

제2부 | 유랑천리 역마(驛馬)가 간다

제3부 | 그대 가슴에 홀씨로 남아

제4부 | 골짜기에 바람이 누우면

제 1 부

나 지금 어디에 서있는가?

나 어디에 서 있는가. 1

여명의 빛으로 이슬을 토하는 붉은 장미꽃
인생도 저 꽃처럼 붉었으면 좋으련만
어둠을 깨우는 노동자의 일상(日常)
바람처럼 흘러간 후에
내가 감아놓은 실타래 같은 이야기
내 삶의 황혼기에 들어서면
아침의 빛처럼, 오후의 석양처럼
저토록 아름답게 풀어놓을 수 있으려나

나그네처럼 떠돌던 시간들
시린 겨울바람 같았던 시간들
끝없이 마음의 공허를 겪으면서도
단단하게 나를 묶을 수 있었던
끈끈한 인연의 이름이 있기에
오늘도 이정표를 향해 걷고 있지 않은가

가깝고도 먼 고국 하늘로 생각의 속도는
끝없이 곡예를 할지라도
시간시간 세월을 향유하듯
등줄기에 검붉은 소금꽃 피우는 나그네
설 곳은 과연 어딘가, 영혼의 안식처는 어딘가
"영혼의 오아시스" 문학의 텃밭에 쟁기를 들고
나 어디에 서 있는가

나 어디에 서있는가. 2

상념의 둥지를 열어
소년의 겨울날의 추억을 꺼내본다
가슴속이 시리고 아프다

이 좋은 세상에서 행복한 가정이란
이름표를 달고 살아간다는 것,
세상사람들이 화려함으로 분장한 그 속에
나 또한 빛 좋은 것만을 읊어대면서
살고 있다는 것을,
농부가 한 줌의 흙을 갈아엎고
봄날의 소생을 위해 소매를 걷어올리듯
나 또한 진실한 삶의 천 리 길을 달리기 위해
촌음을 아껴야 한다는 것을
나 어찌 모르리

설혹 하룻밤 사이에
천지 이변을 꿈꾸고
천길 벼랑 끝에 선다 해도
그 옛날 아팠던 추억 어찌 잊으리
가슴속에 숨겨진 상념의 둥지를......,

마음의 샘터

어둠을 딛고 걷는 새벽
풀섶은 온통 밤이 만들어낸
걸작이다
영롱한 이슬이 내 발등에 무등을 타는 것이며
겨울 햇살에 곡예를 하듯 춤추는 새들이며
흔들지 않아도 사랑거리는 나뭇잎이며
오늘따라 위태로운 마술에 걸린 듯
아찔하다

숲을 깨우는 산새소리도
밤새도록 충전된 영혼처럼 맑고 청명하다
계곡 약수터처럼
마음 안에 물 흐르는 소리 들으며
나는 오늘도 지칠 줄 모르고
소금꽃을 피운다

어둠으로 정제되어 아침이슬로 빛나는 보석
내 발등에 무등을 탄다
세속에 찌든 마음의 상처를 씻어준다
햇살처럼 나도 맑은 영혼으로 빛나고 싶다

미로에서

세월의 빗장 앞에
내가 머물러야 할 이유를 말하라면
한 가닥 빛을 잡기 위해서다
아팠던 속내 모두 다 태워서라도
흐르는 눈물 닦을 여유 그기 있기 때문이다

물이 흐르고 흘러 모이고 모여서
큰 강을 이루고 바다의 품에 안기듯이
어둠의 둔덕에서 꿈꾸어온 작은 희망이
나를 채찍질 하고 다듬어주었기에
미로에서 환한 길을 찾을 수 있었다
사람과 사람이
나란히 걷는 세상 속을 걸을 수 있었다

머나먼 시간의 밀월 속에서
푸르고 푸른 바다 같은 꿈 하나 펼치는
문학의 촛불 잔치 벌일 수 있었다

형님 생각

해마다 6월이면 생각나는 사람
올해도 어김없이 나뭇잎에 바람처럼
불쑥불쑥 내 마음을 흔듭니다
삶의 굴레에서도 가끔
보고 싶은 마음 주저앉힐 수가 없어
허공을 보곤 합니다

그리움이 더욱 사무칠 때면
어김없이 6월이구나
그런 생각이 듭니다
그것이 형제의 정이란 것이구나
그런 생각이 듭니다

오늘은 웬 종일
고국에 계신 어머니 생각이 납니다
전쟁터에서 산화한 아들을 그리면서
한평생 애걸복걸 속병 앓으시던
어머니 당신 생각으로 가슴이 아파옵니다
시드니 겨울 나뭇잎이 바람에 흔들리고
내 마음도 흔들리면서 서녘 하늘이 붉게 타오릅니다
6월의 마지막 날이 저물어갑니다

진정한 친구

타국의 가을바람이 내 집 창가에 앉아
이런저런 얘기를 나누잡니다
노란 눈길들이 마음속에 거미줄처럼 얽어놓은
풀리지 않는 삶의 잔재들 한잔 술로 토해내라고 합니다
술 한잔에 한숨 한 겹
또 술 한잔에 그리움 한 겹씩 풀어놓으라고 합니다
밤새도록 마음을 비우며 얘기꽃 피우자고 합니다

창 밖엔 비가 억수같이 쏟아지는 날
마주앉아 술 한잔 나눌 수 있는 친구가 그립습니다
어느 날 문득 전화해서
술 한잔하고 싶다는 친구가 그립습니다
서로가 서로를 다 꺼내놓아도
부끄럽지 않은 마음 자락을 다 펼칠 수 있는
그런 친구가 그립습니다

가슴속의 바람

숨어있던 그리움
잠재우고 잠재워보지만 간간이
왼쪽가슴 속에서 바람으로 일어나는
추억 속에 아픈 기억들
오랜 세월 흘러도
허공에 매달려 울고 있다

어느 것이 아픔인지
어느 것이 참 행복인지
구별도 못하는 내 근시안이여
참사랑으로 세상을 볼 수 없는
내 허약한 정신이
허공에 매달려 울고 있다
추억 속에 아픔이……,

청솔 같은 친구

타국에서 살아가노라면
가슴속에 꽁꽁 묶어놓을 수밖에 없었던
그리움 보따리 풀어놓고
세월만큼 밤새도록 이야기할 친구
무슨 말을 풀어놓아도
서로가 서로를 보듬어줄 수 있는 친구
솔향기로 농축된 자연을 닮은 친구
올해는 꼭 만나보고 싶다
친구야 그날이 언제일까

자카란다

애련하게 구슬픈 보랏빛깔 심금
여름밤의 깊은 시름 별빛 부여잡고
그리움 애태우며
말 못하는 안타까움 허공 속에 맴돈다

속절없이 흐르는 세월 앞에
기다림은 인고의 덕목이라 생각하며
인연의 끝자락 부여잡고
침묵으로 노 저으며
보랏빛 꽃으로 피어난다

한줄기 흐르는 여름선율로
초연하게 피었다 시들어 갈 아득한 미명
외롭고 슬플지라도 동반하는 달빛이 있었기에
호주의 여름밤 보랏빛으로 익어간다

초원에 핀 국화

여린 잎새 위에 샛노랗게 꽃을 피워
넘어짐의 아쉬움을 예지하면서도
곱게도 들녘에 핀 네 모습이 애처롭구나

천사의 날갯짓이 아름답다지만
인간의 모습은 아니기에
득도의 초연한 향기
내일은 알지만
타버린 열정의 요정처럼
한치 건너 바람이 너를 바라보는구나

그 숭고하고 진실한 속내
고행 속의 숙련으로 피워내는 향기
손을 내밀어 다독여 주고파
내 가슴속 바람으로 이는 혼란
미숙하게 한들거리는 들국화야
너야말로 꽃 중의 꽃이구나

약속

새털구름 피어 오르던
푸르른 하늘도
시간의 모퉁이에서
하나 둘 별을 뿌린다

어둠의 빛깔에 숨어서
사랑이란 이름으로
기다림이란 이름으로
시간이 숙성되어
꽃이 피고 지는 것처럼
기다림 속에서
오늘 밤도
별이 뜨고 또 별이 진다

동녘에 떠오를 여명을 믿으니까

사랑이라는 이름으로

내 마음이 길을 잃고 헤맬 때
내 손 잡아주었고
내 마음이 비바람에 떨고 있을 때
포근하게 감싸주었고
내 마음에 빗장 닫혀있을 때
훈훈한 온기를 열어주었던 당신

삶이 힘들고 가슴 아플 때에도
큰 키로 싱겁게 설렁설렁 웃을 수 있도록
타향에서 오순도순 가족을 이룰 수 있도록
내 마음속에 갇혀있던 꿈을 꽃피울 수 있도록
언제나 가정에 해처럼 빛나는 당신
사랑합니다

허기진 문학

문학이라는 이름으로 몸부림치는
중년의 사내가 안타까웠을까
허공에 두둥실 노니는 달덩이만
내 집 창가에서 서성이는구나

불길처럼 타오르는 영혼
포근한 품속 헤집어놓고
동행의 길목에서 갈구하는
내 허기진 문학은
오늘밤도 허공을 향해 하는구나

마음의 단비

목마른 대지에 촉촉한 단비 내리니
연하디 연한 꽃잎들 열정을 토하는데
허공을 향하여 쉼 없이 토하고픈
내 안에 열정은
왜 가시덩쿨처럼 풀리지 않을까

한 세월 가기 전에
내 육신에 진액 다 빠지기 전에
내 가슴 깊은 곳에 잠들어있는
여리고 아팠던 이야기들
세월이 벽이 되기 전에
푸른 창공에 훨훨 동행하고 싶구나
성숙함으로 짙어가는 소나무처럼

가면을 벗어야지

구름이 한가롭게 노니는
가을 하늘이 높고 청명하다
진실이 은폐되고 허상이 난무하는
인간의 마음을 아는 듯 모르는 듯

캔버라에서 시드니로 가는
길 위에서 하늘을 보니
여지 저기 노란 가을꽃들이 손짓한다
진실을 노래하면서 가식을 품고 사는
인간의 마음을 조롱하는 듯

마음속에 웅크린 욕망의 덩어리
꼭두각시 같은 가면의 덩어리
모든 것 벗어버린
청명한 가슴으로 살아보라고

추억 속의 6월

청보리 물결로 출렁거리는 6월이 오면
노고지리 노랫소리 파도를 타고 하늘에 오르고
산자락마다 하얀 찔레꽃 사이로
아지랑이 춤추던 여인의 향기 같은 유월이
추억 속의 유월이 눈앞에 아롱지는구나

눈부신 그리움으로 생성하는 그 유월
타국의 산마루에 앉아 원죄 같은 추억을 빚는다
내 살아온 그 어느 날보다
순수해서 아름다이 영글었던 꿈
숨가쁜 삶에 허덕이다 보니
지금껏 내 안에 꽁꽁 숨겨두었던
그 푸르른 꿈들을 내 나이 오십 줄에 들어서야
자금자금 꺼내볼 수 있구나

바람이 퍼렇게 일어서는
고백의 바다에서 서럽게 서럽게 울다 간
유월의 꿈들이 내 나일 오십 줄에 들어서
산자락 하얀 찔레꽃 향기로 퍼지는구나

말조심

타향살이 고달프다고 하지만 마음먹기에 달렸다
한민족이 옹기종기 모여서 같은 말을 하고
같은 음식을 먹을 때 나는 행복을 느낀다
태생이 시골인지라 시골티를 버리지 못한 탓에
교회나 모임에서 특히 말을 많이 한다
덩치에 걸맞지 않게 천성이 말하기 좋아하고
인정이 많다 보니 오해의 소지도 많다

며칠째 세상이 뱅글뱅글 어지럽다
아무리 생각해봐도 이해할 수 없는 말
나는 멀쩡한 줄 알았는데, 허공이 출렁인다
앞으론 바르게 서 있는 연습 좀 해야겠다
누군가를 심하게 흔들려 멀미나게 하지 말아야겠다
내 정신 자세가 바른가
매일 한 번씩 마음거울에 나를 비춰봐야겠다
내 무릎이 꺾이지 않도록
마음에 중심을 잃고 하늘이 뱅그르르 돌지 않도록

시의 길을 걷는다

세상엔 수많은 길이 있다
하늘을 나는 비행기 길도 있고
망망대해에도 뱃길이 있고
땅에는 기찻길 자동차길 마차길까지
산에는 오솔길 논두렁 밭두렁까지
그곳에 걸맞는 길이 있다
동서남북 세상 어디라도 찾아가는 길
그 많은 길을 누가 만들었을까
어느 길 하나도 내가 만든 길 없는데,

내 어린 날에 뛰놀던 들판에도 뒷산에도
앞마당에서 뒷마당을 연결하는 길까지
크고 작은 눈에 보이던 보이지 않던
길을 따라 걸어간다
그럼 내가 걸어가는 시인의 길은
어떻게 걸어가야 바로 가는 길일까
어떤 마음으로 걸어가야 할까
혼자 걷는 문학의 길
걸으면 걸을수록 먼 길
이 밤도 나는 끝없이 걷는다

갈증

긴 세월 많이도 써먹었다는 생각이 든다
내 몸속에 귀를 기우려 시간의 맥을 짚어본다
무릎에서 우지끈 연골이 닳아 소리가 들린다
타국에서 흰둥이들 틈에 끼어 지내온 세월에
갑자기 목이 컬컬해지고 갈증이 난다
맥주 한잔에 갈증을 풀면서 하늘을 바라본다

고향 어디쯤 주막집 낡은 탁자에 앉아
나만 모르는 세상이야기가 송골송골 피어 오른다
친구들의 어둠침침한 이야기며
행복한 이야기들이 도란도란 들려온다
눈물이 봇물처럼 터져 어금니에 씹힌다
갈증 속에 피어 오른 내 안의 환상이니
말 많은 난들 끼어들 수도 없고
들리지 않으니 참견할 수 없는 갑갑증이 고개를 든다

내 무릎 연골 다닳기 전에
친구들과 고향 어디쯤 주막집에 앉아
세상이야기 송골송골 나누고 싶다
맥주 한 잔 손에 들고 창 밖을 바라보니
오늘따라 캔버라의 밤하늘이 유난히도 반짝인다

내가 소망하는 것,

열심히 산다는 것은
매일매일 태양이 뜨는 것처럼
내 안에 희망이 샘솟고 있다는 것이며
사랑하는 사람들이 있다는 것이다
내가 땀흘리는 것은
누군가 나를 기다리고 있는 것처럼
나 역시 그들을 갈망하고
그리워하고 있다는 것이다
내가 살아가는 이유란 것이
그리움 절절히 묻어나는 이유야 아니지만
내가 사랑하는 사람들이 있기 때문이다
내가 열심히 돈을 벌어야 하는 것은
애환이 어우러진 사람들이
소망의 터를 마련하고픈 희망 때문이다
이 모든 것이
사랑하는 사람들이 있다는 것이다

마음의 자유

이향에서 살아온 시간만큼
마음에 각인된 고뇌와 아픔이
곰삭은 가슴에 앙금으로 남아있다
눈을 떠도 보이지 않는 먼 곳에 숨어
만날 수 없는 슬픔의 노래처럼
아픔과 그리움은 시〈詩〉가 되고
내 영혼이 그려내는 풍경이 된다

흐린날 지나 맑은 날이 오면
자유롭게 노니는 햇살처럼
서로 아끼고 보듬어가는 얼굴들이 있음에
이향의 삶에서도 감사하면서 살아간다
멀리서라도 그리워할 수 있는
부모형제가 있음에 내 마음 자유롭다

오해

마음에 눈으로
세상을 바라봐야 함에도
좁은 소견으로 그렇게 살지 못한다
가슴으로 울겠노라 말하면서도
나의 가벼운 말 한 마디
다른 사람에게 상처주기도 하니까

때로는 사소한 오해로
서글픔이 밀려와도
침착하자 되새김질로
마음을 잡으며 가슴으로 운다
억울한 일에도 성냄보다는
나를 돌아보며 마음을 달랜다
삐뚤어진 마음으로 거울 앞에서
미소 지울 수 없으니까

겨울 민들레

시드니의 초겨울 민들레
파릇한 잎새에 샛노란 꽃피우며
의기양양이다
동백꽃도 바람을 아우르며
햇살을 보듬는다

아옹다옹 부대끼며 살아온
이방인들에게 겨울은 뼛속까지 시리다
밤이나 낮이나 리듬에 그네를 타듯
삶의 벼랑 붙잡고 곡예를 하는 것은
언제인가, 언제인가
꿈이 이루어질 그날까지
미로를 달려가면
밝은 빛이 만날 수 있기에
세월에 휩쓸려 달려가면
시드니 겨울 민들레 같이
샛노란 꽃 피워놓고
의기양양해 질 날이 있기에
빛을 보듬는 날이 있기에
그냥 그렇게 달려가 보는 것이다

삶의 무지개

초원아 바람아 침묵하는 大地야
세파에 휩쓸려온 씨앗
이방인의 땅에 뿌리내린 초록 잎새
오늘도 새벽부터 낯선자가 만들어준
누더기 옷 걸치고 생경한 행진곡에 발맞추며
남십자성 아래 펄럭이는 청색 깃발 밑에서
삶이란 등짐을 지고
인적 없는 빈 도시의 거리를 걷고 있다.
날선 푸른 눈동자 그늘을 드리우면
좁혀진 가슴팍을 움켜쥐고 아이들 눈망울과
아내의 한숨소리 들려올까 두려워
이른 시간에 감사하며
푸른 눈빛 비켜가길 기다린다.
내 나이 오십 줄에 들었지만
아직도 삶의 무게 잔뜩 실은 사륜 수레가 되어
석양이 드리우는 빗살무늬 해거름 바라보며
내 삶에 종착역 향하여 흐르는 땀방울을 닦는다.
어느덧 해는 서쪽으로 기우는데......,

동백꽃

겨울은 오지 않았는데 동백꽃 붉게 피었구나
가을비 내린 후에 햇살이 대지를 비추니
때아닌 나비와 벌이 가을꽃 주위를 맴도는구나
이 모든 것이 자연의 이치요. 순수의 아름다움인가

내 비록 이국의 노동자일지라도
하루하루 감사하지 않을 수 있으랴
자연도 고독으로 저리도 아름다운 꽃을 피워
인간의 마음 속 아픈 상처 치유해주는데
어찌 인간은 자신의 마음에 쳐 놓은
작은 벽 하나 허물지 못하는가
비바람의 고난 속에서도
붉게 핀 동백꽃 고고한 너에게서 나를 돌아보는구나

노을

아팠던 지난날들
북받쳐 오르는 그리움
이루지 못했던 꿈
흐르는 세월이 아쉬워
나는 오늘도 삶의 노예가 된다

시드니의 오월
한낮의 햇살이 따스하다
자비와 배려가 넘쳐나는 가을향기
매혹으로 느껴지는 것은
이 가을날에도
초로의 노을이 기운다는 것이다

한 그루 화사한 가을꽃
서러움 토하고 낙화하는
고독의 나래를 보았기 때문이다
세월의 아픔을 보았기 때문이다

사랑

애잔한 연민이 꺼져가는 불꽃을
한 줄기 바람으로 되살리듯
당신의 사랑은 무한함으로
시들어 가는 영혼에 생기를 줍니다

세상 인연의 끈 친친 감은 채
풀리지 않는 사랑의 인연도
당신의 사랑 앞에선 무한한 연민이 되어......,

인생길

넘어지고 자빠지고 또 다시 일어서고
기다기 걷다가 뛰어온 이방인의 삶
용심이 솟아나 하늘을 찌르고자
뛰어보았지만 하늘 아래 산이더라

인생길 제아무리 발버둥쳐본들
하늘이 준 운명 제 맘대로 만들지 못하고
숙명을 따라보니 첩첩산중
산 넘고 물 건너 바다에 당도하니
푸른 바다 넓기도 하더라

드넓은 바다에 자신을 던져져 보니
만상이 잡힐 듯 지척이라
인생길이라는 나룻배, 삿대를 저어가노라

들꽃 같은 인생

캔버라와 시드니를 오가는
고속도로 비탈진 산아래
바람이 머물고 간 자리인가
소박한 여인처럼 곱게 핀 들꽃무리
내 눈길을 잡는구나

인간세상 멀리하고 팠을까
고단한 삶이 아팠을까
제 몸을 낮추고서 이제 막
사랑을 배우는 중인가보다

소년시절 고향 산자락 들국화 같아
차를 멈추고 한참을 보노라니
여인의 향기에 반한 사나이처럼
그 순간 세상이 환하게 보였다
진정한 아름다움이 보였다
자연 속에서 진한 사랑이 보였다

이제라도 들꽃 같은 내면을 노크하며
내 남은 삶, 순간순간 감사하면서 살리라
세상 속에서 만난 모든 것들이
필연이요 천운이라 생각하면서
저 들꽃같이 누군가에게 따뜻함을 전하는
참 사람으로 살리라

행복한 미소

평소에 관심없던 사람일지라도
어느 날부터 부드러운 눈길로
위로의 말 한 마디에
가슴이 따뜻해짐을 알았습니다.

짧은 순간 훈훈한 한마디에서도
서로에게 전해지는 따뜻한 느낌에
살아있음이 행복해짐을 알았습니다.

오늘 만난 수많은 사람에게 밝은 미소
따뜻한 한마디로 행복을 전해줄 수 있다면
나도 행복한 사람이 된다는 것을 알았습니다.

내게 행복을 전해준
그들에게 감사하며 나도 행복을
전하는 그런 사람으로 살고 싶습니다.

국화

몇 주째 눅눅하게 가을비가 내린다
간간이 바람이 빈 가슴 사이를
비집고 들어온다
현장에서 땀 흘리는 내 마음도
뭉게지고 느슨해진다
사람들의 소망이 뭉게지는 시간이다

오늘은 한줄기 햇살이 새벽을 깨우고
새들이 창문을 두드린다
늦가을이 제 흥에 겨워 혼미하다
꽃들도 침묵하는 계절
허기진 어둠의 흔적 위에
올망졸망 보랏빛 연정이 잉태한다

가을꽃 피우는 그리움인가
아침 햇살이 하얀 이슬을 털어낸다
게으른 주인을 탓하지 않고
수줍은 듯 몽우리가 봉긋하다
햇볕 좋은 날에 만개를 꿈꾸는 국화

돌아온 길

언제 가보려나, 언제 가보려나
내 돌아온 길, 아니
돌아가고 싶진 않지만
아버님 선영엔 언제 가보려나

누군가가 그랬었지
낯설고 물 설은 타향객지도
정들면 고향이라고
그리움과 한, 그리고 꿈과 희망이
송두리째 묻혀있는 이곳이
자네의 고향이라고

웬일인지 쓸쓸함이 젖어들 때마다
울컥 쏟아내고 싶은 울음이
나를 꺾는 이곳
인생길 더듬더듬 중년의 길목에 들고 보니
해질 녘 돌아갈 고향 하늘이
눈앞에서 손짓한다
너 돌아왔던 곳이 어디냐고
너 뿌리가 어디냐고

캔버라에 익는 가을

낙엽 휘날리는 거리에
햇볕 자락들이 고물고물 이야기를 주고받는다
나뭇가지에서 새들도 재잘재잘 노래를 한다
도토리나무 밑에서 아시안 할머니 몇 사람이
도토리를 줍는 것일까?
도란도란 이야기꽃을 피우며
꼬불꼬불 허리를 폈다 엎드리기를 반복한다
며칠째 찬비 흩날린 캔버라의 가을이
이렇게 햇볕 속에서 깊어간다

아침 찬바람이 대지를 훑고 지내가고
아름다운 세상이 도토리나무 밑으로 지나간다
밤이면 저토록 밝은 청별이 떨어지는 나무 밑에선
다람쥐 부부 고물고물 사랑을 속삭이겠지
이 아름다운 캔버라의 풍경을 이야기하면서……,

*호주의 수도 캔버라 가로수는 도토리나무가 많다

고추잠자리

잔잔한 호수에 돌 하나 던져본다
물결이 은빛으로 반짝인다
먼 하늘에 그려놓은 고향소식
바람결에 전해져 온다

청명한 하늘을 머리에 이고
고추잠자리 한 마리 평화롭게 춤추면서
허공에 노닐고
내 마음도 철부지 어린아이 같이
껑충껑충 뛰어오르며
자유롭게 날아다니는 고추잠자리처럼
내 그리움 잠자는 그 곳까지
훨훨 날아가고 싶다

제2부

유랑천리 역마(驛馬)가 간다

詩

좋아서, 그저 네가 좋아서
나는 네가 누군지, 어디서 오는지
그저 좋아서
아침안개처럼 가슴에 묶어 두고
벅찬 가슴 터지지 않도록
그저 좋아서
너를 바라보는 것
너를 알아가는 것
너를 사랑하는 것 빼고는
내 가슴은 백치가 되어도 좋아
너를 알고부터
내 부족함이 너무 커
새벽마다 가슴 시리게
너를 기다려야 했던 날들이지만
오래 기다리지 않아도
바람처럼 순간으로 다가올 것 같은
네가 그저 좋아서
꽃진 자리의 아픔도 잊은 채
그저 좋은 너를 기다리는
이 시간
나에겐 희망이요 기쁨이란다

방위병 모자. 1
– 내 젖은 추억

세월은 가고 또 온다고 사람들은 말한다.
나 역시 그동안 살면서 그럭저럭
사람들의 움직임에 밀려 불혹(不惑)을 넘어
지천명(知天命)의 나이가 되어 버렸다
어떤 유혹 앞에서도 흔들림이 없다는
이 나이가 되었음에도
세상 유혹에서 벗어나려 안간힘을 쓸 때가 있으니
아직은 익지 않은 나를 익히기 위하여 담금질한다

그동안의 경험을 토대로 누구보다도
열심히 푯대를 향해 달려오다 보니
어느덧 지천명을 바라보는 숫자를 목에 감았다
그렇다고 내 어찌 하늘의 명을 알았다 하겠는가
내 젊은 날에 파도처럼 흔들리던 아픔들이
이젠 멈추기를 바랄 뿐이지
빛바랜 앨범처럼 내 젖은 추억을 쓰다듬어 줄 뿐이지
너무 늦었지만 내 아픔을 어루만질 뿐이지

방위병 모자. 2
– 아픈 기억

늦은 나이에 펜을 붙들고 밤잠을 설친다
갈 길이 멀지만 내 꿈을 지울 수 없었다
가족에게 부끄럽지 않은 삶이고자 열심히 땀 흘렸지만
지난날을 돌아보니 왜 이리도 아쉬운 마음뿐인지

애통하고 억울한 나의 신체 때문에
동양인의 체격과는 너무도 상반된 키와 몸무게로 인해
나는 그토록 원했던 군대에 못 갔다
지금도 나의 삶에 가장 큰 쉬움이요. 아픔이다
육, 해, 공군 아니, 특전사에서도
나의 큰 키는 아무 쓸모 없었다.
키 191cm 몸무게 110kg, 신발크기는 310mm
"신장초과"라는 딱지를 붙인 채
다른 친구들이 그토록 소원하는 면제를
계급처럼 받아들고 집으로 돌아오는 발걸음은
왜 이리도 무거웠던지…….
남들은 내 속도 모르고 재벌집 자녀?
아니면 장성급 자녀?
아니면 신의 아들?
면제에 대한 면죄부를 논할 때 더욱 내 가슴이 아팠다

방위병 모자. 3
– 유전자

나의 아버지는 기골이 장대하신 분으로
몇 대 째 시골에서 농사를 지으셨다
돈과 권력과는 먼 거리에서 관망만으로 그래서
더욱 농촌을 떠나선 살 수 없는
오직 성실성 하나로 평생을 사셨다
아버지를 유전자를 닮아 우리형제들은 키가 컸지만
그나마 나보다는 작은 터라 군대에 다 갔다 왔는데
나는 그렇게도 소원했던 방위병조차도
면제를 받는 바람에 더욱 나를 초라하게 만들었다
나는 정말 방위병이라도 되고 싶었다
방위병이라도 되었더라면
비록 짧은 군복무이지만 면사무소나 파출소에서
청소라도 하고 행정업무라도 배우면서
옆으로 그어진 작대기나마 하나 달려있는
방위병 모자라도 써 보았을 것이 아닌가!
나이를 먹어갈수록 이놈의 키 때문에
방위병 모자 한 번도 못 써보다니
유전자가 뭔지…….
이 나이가 되어도 누군가가 군대생활 이야기만 나오면
내 오장육부에 옹이로 박혀 있는 홧병이 슬며시 도진다

방위병 모자. 4
– 친구 영철이

친구 영철이는 최전방인 철원 “백마고지”에서
3년 동안 군복무한 이야기를 친구들과 만날 때마다
무슨 대단한 벼슬이라도 하고 금의환향한 것처럼
거짓말까지 보태가면서 아마 백 번도 넘게 이야기를 했다
나는 그럴 때마다 화제를 다른 곳으로 돌리려고
노력도 해보지만 막무가내였다
군대생활은 혼자 한 사람처럼 입에 침이 말랐다
하지만 난 군대에 대한 추억이 없기 때문에
그 친구를 만나고 돌아서는 날이면
방위병 모자 한번 써보지 못한 애통함에 밤잠을 설치곤 했다
군대 모자도 아닌 그 흔해 빠진 방위병 모자 하나 씌워줄 수 없는
우리나라의 체격 조건이 원망스럽기까지 했다

어떤 놈은 키가 너무 작아 미달이라 면제가 되었고
어떤 놈은 몸이 많이 아파서 자동으로 면제를 받았고
어떤 놈은 키가 너무 커서 면제 아닌 면제를 받다니
세상에 맞는 옷이 없고, 신발이 없어 면제를 받다니……,

방위병 모자. 5
– 시드니의 삶

생각해 보니 내 젊은 날엔
제대로 된 옷과 신발을 신어본 기억이 별로 없다
검정 운동화를 구겨서 신고 다녀야만 했고
옷은 대충 입어서 꽉 끼지만 않으면 입어야 했고
멋진 구두는 본을 뜰 수 있는 목형이 없기 때문에
개인 한 명 때문에 모형을 뜰 수가 없다고 했다
그러니 나에게 무슨 선택의 여지가 있었겠는가

외국에서 살면 옷과 신발은 걱정하지 않아도 된다는 생각에
무작정 한국을 떠나 시드니에 살고 있는지도 모른다
누군가가 나에게 왜 이민을 오셨느냐고 물으면
사람들은 넓은 곳에서 살면서 돈을 벌어보겠다는 사람
아이들 교육을 좋은 곳에서 시켜보겠다는 사람 등,
여러 가지 이유들이 있지만
몸에 맞는 옷과 신발을 찾아왔다는 내 말에
지금은 한국에도 큰 옷 큰 신발이 많으니 돌아가라고
하지만 시드니에서 나는 열심히 일한 대가로
나름대로 행복하다. 아들 딸 남매를 두었는데
딸아이는 대학에 입학을 했고
아들 녀석은 고등학생인데 고마운 일은
한글과 모국어를 잘 교육한 아내에게 고맙다

방위병 모자. 6
– 나의 소망

얼마 전 딸아이가 나의 빛바랜 고등학교 시절
사진을 보면서 한마디 던진다.
“ 아빠, 아빠는 왜 하이스쿨 때 찍은 사진이
옷소매가 왜 그리 짧아?”
내 아픔을 살짝 건드린다.
그렇지 않아도 나의 콤플렉스인데……,
애야, 그때는 말이다
밥만 굶지 않아도 감사해야만 했거든,
그나마 학교에 다닐 수 있으면 행복이지
어찌 교복을 탓할 수가 있니,
춥고 배고팠던 시절에
시골에서 농사를 짓는 부모님에게
옷을 맞춰달라고 할 수 있었겠니,

시드니라는 낯선 땅에서
이방인으로 살아오면서
요즘처럼 행복할 때가 있었던가

올해 15살 아들 녀석이
내 신발을 가끔 신고 다니는 것을 보면서
지난날의 아픔들이 되살아나
나도 모르게 깜짝 놀랄 때가 있다
벌써 키가 186cm가 되어 나를 올려다볼 때
나도 모르게 기도가 흘러나온다
"아이고 하나님, 이대로 더 이상……그만
키 크는 일은 멈추어주세요……아멘"

인생은 연극

하나 둘 잊혀지고
멀어져 가는 기억들
새로이 더듬어 새로운 꿈을
꾸고 달려온 길이다

풀지 못한 한서린 추억들
일으켜 달려온 시간들이
허무한 꿈으로 요동친다

옹이처럼 각인된 일념의 구애
누군가 인생은 연극이라고
길게만 느껴지던 길목도
노을 앞에선 발걸음을 멈춘다

꿈꾸던 고향

우수에 젖은 가슴
방황의 시간들은
추억 속의 혼돈이라 생각하면서
내 남은 삶엔
초지일관 아침이슬 같은
청량함만이 유혹하기를 바랄 뿐이다
바동대며 살아온 시간들에 보상일까
이루지 못한 꿈 다시 꿀 수 있는
그 세월로 한번쯤 되돌아가 보고 싶다
바람에 마음 실어 내 고향 충청도 그곳
하얀 복숭아꽃 바람에 날리던 그곳으로
터질 듯 품어본 그 꿈들을
다시 꿀 수 있는 그곳으로
내 영혼 그곳을 향하여 날아간다
고독이 춤추며 동행하는 밤마다
하얗게 안개처럼 피어올라
고요 속으로 날아간다

빈들

유랑천리 역마(驛馬)가 간다
잃어버린 반세기 세월
대양을 누비고 대지를 누볐건만
사나이 홀로 누워 고독을 마시는구나

외로움을 벗 삼아 걸어온 길
돌아보니 봄바람 부는 고향 땅
망연한 하늘 바라보며 가야 하는 길
인걸이 간곳없는 향리의 길목
가슴에 매콤한 연기만 가득하구나

그리운 얼굴 기다림 간 곳 없고
빈들에 갈대처럼 버석거리는구나

고독과 동행

우수에 젖은 여린 가슴
방황의 삶 멈추지 못하여
혼돈의 미로를 혼자 걸으니
아침이슬 같은 청량함이
나를 유혹하는구나

땀으로 바동대며 떨리는 입술
초조함에 마음 실어 오매불망 달리는
길목에
하얀 복숭아 꽃잎 바람에 날아와
어제 봉곳이 터질 듯 품었던 사연
조소처럼 노래하는구나

석계야
삶이 별거더냐,
간다야 나는 그 길을 향하여 간다고
고독이 동행하는 밤일지라도
하얗게 안개처럼 피어 오르는
고요 속에서 너를 닦아보라고
빈 마음에 영혼을 담아보라고……,

낮달

새벽 안개 젖히고 달려온 아침
동편에서 붉게 떠오른
아침을 마중하고
한잔의 커피에 고귀한 희망 실어
내 소중한 땀꽃
꿈으로 피우라 하는구나

먼 곳의 햇살도 나를 찾아와 반기니
아무래도 행운의 낮달이 뜨려나 보다
오늘은 내 안에 사무친 똬리를 풀고
가슴을 활짝 열어 대지로 달려가 보련다

가족이란 단어 앞에서 행복하고
친구란 단어 앞에서 용기를 얻어
내 살아 숨 쉬는 날까지
그대들이 있어 행복하니까요

불씨

어둠이 네온의 화려함을 부르면
태양 아래 삭막한 요새에 갇힌
욕망의 타래들은 정지한 채로
캔버라의 별빛만이
어둠 속으로 내려앉는다

중년이 바라본 하늘
만상의 능욕이 멈춰지는 시간이
중년의 귓가엔 별들의 속삭임
가슴에 빈자리 바람으로 일어난다

노동으로 값진 순간들
문학의 꽃으로 피는 그날까지
꺼지지 않는 불씨로 남을 내 영혼

형님

영혼이 영혼을 잠 못 이루게 하는 밤
희미한 영상 속에 비치는 얼굴
술잔에 부어 마시고 또 부어보지만
잠들면 꿈 속에서 피어나는 사람
새벽녘에 선잠 깬 나에게로
살며시 걸어오는 고독한 영혼
내 어떻게 포옹하리

시간에 떠밀려온 공식처럼
보이지 않는 사람을
그래 그렇게
멍텅구리로 살아가기에
너무나 아픈 삶의 이야기들
술잔에 담아
비워도 비워도 비워지지 않는
빈 가슴 채워줄 사람 없으니

다시는 돌아오지 못할 것에 대하여
보지 못하는 눈물 꽃만 피우고
잠 못 드는 밤에 찾아오는
내 어린 날에 눈물꽃

타향살이

내 돌아갈 곳 어디인가
타향살이 십수 년, 잃어버린 핏줄의 정
반겨줄 사람 없어도 돌아가고픈 고향
옛 시절 흐르던 그 개울
지금쯤 시멘트 화장을 했을지라도
대문 열면 날 반겨주던
앞산에 그 바위는 그대로 있겠지
몇십 년 세월 흘렀으니
그때 그 아릿한 정 없을지라도
내 가슴에 이슬처럼 흐르는 향수 어찌하리
시드니 겨울바람 옷깃을 스쳐도
내 가슴 안에 훈풍으로 피어나는 고향
내 영혼 한가롭게 돌아가야 할 그곳이 있기에
내 삶 한 발짝 한 발짝 가볍구나

영혼의 독백

곱고 곱게 새겨둔 하나
사랑에 불씨 가슴에 묻어두고
그리움을 차곡차곡 쌓아두며
전신을 영혼으로 불사른다

인연의 긴 끈 이어두고
기다림의 사랑으로 뜨겁게 태우며
잠 못 이루는 새벽 그리움을 담아
창가의 꿈결에 다가가 두드린다

독백의 영혼 품속에 다가가 안주하여
봄날의 깊은 사랑 유영한다

중독
– 담배

뜨겁게 달아오르는
몹쓸 열병처럼
그대에게 중독된 가슴
터질 듯 갈망하는
한움큼 애타는 그대 사랑
때론 무심한 바람처럼
가슴속 살랑살랑
흔들어 놓기도 하지만
그래도 그대 내 곁에 있음이
내겐 가슴 벅찬 사랑입니다

풍선처럼 한껏 부푼 심장
달콤한 봄의 향기처럼
무시로 흔들어 떨게 하는
그대 내게 있어
한줄기 무지갯빛 희망입니다

캔버라의 봄

빈들에 마른 잎새 바람 타고
흔들흔들 춤을 추니
휘파람 소리 펄럭이던 외가지 비명
간곳없이 조용하게 하늘을 바라본다

봉곳이 솟아오른 봉오리
임 마중 기다리며 해맑은 미소를 짓고
푸른 하늘 소용돌이 앞에
먹장구름 춤춘다 해도
가는 길 가면서 한 줌의 햇볕 기다리는
약동의 정열로 속삭이는 대지여

봄비

아름다운 세상에 태어난 미풍
양지와 음지를 번갈아 헤매다
세상이 변하고 세월이 흘러도
변치 않는 사랑 하나 가슴에 담는다

훠이훠이 세상을 소풍하다
초지일관 뚝심 하나 부여잡고
만경창파 넘나들며 낭만을 노래하다
슬픈 눈망울 촉촉하게 젖게 한다

물고 물리는 물방울
존재하는 곳에 바람으로 일고
심장이 고동치며 뜨거운 눈물로
동그라미 그리며 멀리 퍼진다

삶의 끝에 선 사람들

고통받는 사람을 위해
애간장 태우며 함께 울고 웃던 사람
그의 가슴에 봄이 왔습니다

기나긴 겨울의 끝자락에
얼음조각처럼 사각거리던 기억을
봄햇살 아래 펼쳐 놓았습니다

아픔의 응어리들은
한 방울의 눈물로 융해(融解)되고
그 자리에 이름 모를 꽃이 피었습니다

인내와 사랑으로 버무린
인고(忍苦)의 향기는
감미롭고 신비로운 향을 발합니다

그 향에는
아픔을 물리치고 세상을 정화하는
아름다운 영혼이 스며있습니다.

* 2011년 3월, 일본 대재앙 쓰나미를 보면서

애환

물밀듯이 가슴에 밀려오고
저리는 것은 아픔의 상흔이고
새로이 연분홍 꽃으로 피는 그리움
애환으로 다가와 긴 숨 내뱉는다

따스함과 함께 꽃내음이 날 때
밀려드는 손길의 사랑
영혼을 담아 추억 아닌 현실 앞에
복 받기 바라며 인생을 배운다

저려버린 수직의 벼랑 바라보면
망망대해 푸르름에 바다가 있고
뱃고동 울리며 등대를 향하여
갈 수 없는 그림자
멈출 수 없는 아픔을 느낀다

빛과 어둠

가슴속 음지에 햇살이 든다
산들바람 춤을 추며 기억 저편
시련의 외통수 길
음지에 그림자 걷힌다

지축을 부여잡고 몸부림하던
어둠의 그림자
시간 속의 타래에 밀려
햇살이 미소 짓고
살며시 뒷걸음질하는 그림자
수줍은 듯 손을 흔든다

시련 속의 추억의 그림자 돌아보듯
양지의 햇살이 미소 짓고
쌓여가는 반석에 저무는 노을 펼쳐
속절없는 사랑만 메아리로 퍼진다

실언(失言)

학교동창 절친한 내 친구
선한 마음 보듬어서 스님이 되었다
삼십 여 년의 세월이 흐른 후
극적인 상봉에 친구가 말했다
“자넨 많이 늙었구만 머리가 백발이여”
“어이 이 사람아 나도 자네처럼
먹고사는데 신경 안 쓰면 동안일걸세”
친구는 유유히 뒤돌아서 떠나버렸다.

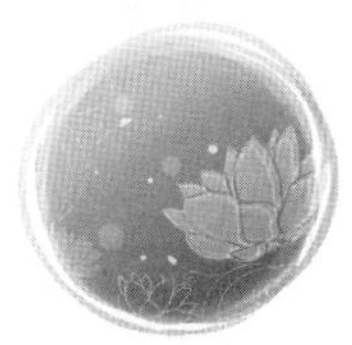

징소리

태양이 작열하고 메마른 바람이
쉼 없이 불어오는 대지에서
낯선 사람과 더불어 사노라면
가슴 깊은 곳으로부터
외로움과 쓸쓸함이 차오르면
어디선가 내 영혼을 깨우는
소리가 들려옵니다.
그 소리는 가슴의 울림판을 때리고
귓속을 때리는 진동은
긴 여운 남긴 채 멀리 사라진 여운이
꿈속에서 흑백사진처럼 구름으로 떠다니는 것을
처음엔 몰랐습니다

그 소리는 아버님이 치시는 징소리란 것을
그 울림은 아버님의 목소리였고
우리 할아버님의 음성이었고
우리 조상의 한맺힌 부름이라는 것을
처음엔 몰랐습니다
나 홀로 사는 이국 땅 낯선 도시에서
우리 조상의 징소리에 취해
적막한 밤에도 홀로 잠들 수 있다는 것을
처음엔 몰랐습니다

파라마타 강

갈매기 날갯짓에 장단을 맞추듯
물결은 은빛으로 일렁인다
강태공 요요롭게 세월을 낚는다
얼마나 많은 시련과 사연이
저 강물 따라 흘러갔을까?
밀물과 썰물은 침묵 속에 쉼 없이 오가고
얼굴에 주름이 논두렁처럼 잡힌
이태리 할아버지 뭇솔리니 타령이
낚싯줄에 엉키고 설키는데
강물은 말없이 바다로 유유히 흐르고……,

세월

오십 년 세월이
샛강에 신발 떠내려가듯
흘러갔습니다
삶 속엔 빛도 있었고
어둠도 있었습니다
어릴 적 따뜻한 봄날엔
올챙이를 잡았고
눈 내린 겨울엔
산토끼를 쫓아다녔습니다
밥벌이를 할 무렵
내 나고 자란 땅
훌쩍 떠나와 이방인이 됐습니다
아직도 나는
덩칫값도 못한다는 소릴 듣지만
그래도 내 나름대로는
매일매일 열정을 다합니다
가끔 소년처럼
시간을 헤매고는 있지만……,

나도 예전엔

보리밭에 깜부기 뽑아
피리 만들어 불던 소년일 때도 있었소
감자밭 굼벵이를
온종일 들여다 보던 순박한 소년이었소
그 철없는 시절이
어느새 훌쩍 어른이 되었소

어른이 되어서도
세상 물정을 모른다고
핀잔받으며 하루 이틀
삶의 발자국 찍어가곤 있지만
한때는 멋도 낭만도 조금은 알았었소

남의 땅에서 살아남기 위하여
멋도 낭만도 그냥 잊고 살았을 뿐이오
사냥개 먹이 찾듯
돈 냄새 맡으면 시간만 쫓다 보니
머리엔 눈꽃이 내렸을 뿐이오
마음은 아직도
보리밭에 깜부기 불던 소년이오

바람

무심히 부는 바람아
메마른 가슴 때리는 세찬 바람아
오늘 밤은 내 뺨을 때리고
내일 아침은 산천초목을 뒤흔들 바람아
내 삶의 촛불이 운명처럼
네 앞에 서있구나
뒤엉킨 삶 속에서도
일렁이는 물결 같은 바람아
이 세상 어디까지 철없이 일렁일 것이냐
끝임 없이 출렁대는
내 가슴속의 바람은 언제쯤에나
멈춰 줄 것이냐
나 끝없이 휩쓸려만 간다
바람아

흔적 지우고 싶다.

봄꽃 피는 계절에 따뜻한 연인으로 다가와
깊게 새겨놓은 가슴속에 발자국 하나
지우고 덮으려 해도 잊혀지지 않은 너의 흔적
평생의 업으로 가슴에 담고 살아야 합니까!

새벽, 운무는 대지를 뒤덮고
인적 없는 호숫가에 나 홀로 서서
싸늘하게 떠난 당신을 그려봅니다
한 마디 말없이 미련하나 남기지 않고
아침 햇살에 안개 걷히듯 떠나야만 했습니까

뒤엉킨 삶 속에서 저물어가는
기억의 고삐를 움켜쥐고 당겨봅니다.
단 하루도 너 없인 안 된다는 그 말은
늦가을 아스팔트에 뒹구는 낙엽처럼
그렇게 버려야만 했습니까
삶의 중천에서
깊게 패인 당신 흔적 지우려 합니다
함께 그리지 못했던 삶의 수채화를
이제는 덮으려 합니다

회상

가을볕이 기우는 오후
아버지의 영원한 집 잔디밭에 누웠다
푸른 하늘엔 흰구름 바람 따라 밀려가고 밀려온다
구름 사이로 희끗희끗 아버지 얼굴이 지나간다
기억 한 편을 더듬어 그 품에 안겨본다

나도 한땐 우리 아버지껜
왕자였고 꿈이었고 희망이었다
아버지의 두터운 손이 머리를 쓰다듬는다
평생을 쟁기와 지게로 세상을 갈고 떠받쳐
여섯 남매 등에 붙여 먹이고 입혔다
피와 땀을 갈아 먹였다

나 어쩌다 당신이 물려준 땅에서 살지 못하고
이방인의 도시에서 거리를 헤매는지
속절없는 눈물이 두 볼을 타고 흘러내린다
이 햇살 좋은 시드니의 가을에……,

사내의 가을

햇볕이 나뭇가지 사이사이
비집고 들어가다 깨어지면서
더 깊숙이 스며들기를 반복한다
사람의 마음 같다
찬바람에 시린 가슴 안고
버거운 햇살에 얼굴 말리며
의연하게 웃음 짓는 사내가 세상 속에서
몸부림치듯 그렇게 움직인다

너절한 시간을 다 틀어낸 나뭇가지
온전한 육신으로 겨울을 받아들일 자세로
굳게 입 다문 채
아픔을 움켜쥐고 또 다른 꿈
잉태시킬 그날만을 기다린다

양지바른 곳에
촉촉한 봄향기 그윽한 새싹을 틔우고
희망의 글자 새겨질 그날을 기다리며
중년의 가을은 이렇게 깊어간다

정월대보름

다 이뤄 환하게 웃는 달 뜨자
칭송하듯 와 와 소리치며
온종일 쌓아올린 달집을 태웠지

누군가의 가슴에
얼룩으로 점 하나 남기지 않는
한 해가 되게 해달라
내 소원 빼곡히 적은 종이도 태웠지

그러고도 못 미더워
깡통에 불씨 넣어
허공으로 높이높이 돌렸지

티끌 같은 욕심도 욕심이니
그 욕심까지도 죄인 줄 알았지
밤이 이슥하도록 동심의 세계는
그렇게 쥐불놀이에 열중했었지

봄꽃, 봄바람

어디를 쏘아 다녔을까
헉헉 가쁜 숨을 몰아 쉰다

한 곳에 뿌리 내리지 못하는
숨가쁜 화냥기
널브러진 둔덕은 지금
사랑놀이가 한창이다

한사코 멎기를 거부한 나들이
부산한 발길에 밟힌
꽃향기
사랑놀이에 익어갈 즈음

조급한 바람의 사타구니에 땀이 밴다
땀에 묻어 있던 향기
중년 사내 콧속에 둥지를 튼다
바람난 시드니의 봄꽃

내 소원

집을 짓고 난 후부터 벼르기만 하던
뒤뜰이 아직도 정리가 되지 않는다
시드니로 올 때는 할 일이 머릿속에서 맴돌더니만
집에 들어서기가 무섭게 밖으로 나가기가 바쁘다
그저 내 뿌리 만나기를 좋아하기 때문이다
청명한 날, 내 게으름을 솎아내고
뒤뜰이며 앞마당까지 단장하여
내 집 울타리 안에서
좋은 사람들과 두런두런 정담 나누고 싶다
태어나 고국에서 산 세월보다
이국에서 산 세월이 더 길기에
타국에서 보내는 한 핏줄들에게
이제부터라도 그 순박했던 기억
물씬 풍기는 웃음다발
서로에게 안겨줄 수 있는 마음들이
우리 뒤뜰에서 여물었으면 좋겠다
햇살이 찾아주고 솔바람이 찾아주는
그런 뜰로 만들고 싶다
벌 나비가 벗해주고 사람의 향기 퍼져나가는
이 세상에서 가장 고귀한 문우지정 나누면서
꽁꽁 묶어놓은 매듭들
술술 풀어내는 따뜻한 마당을 만들고 싶다

고향에 가봐야지

고향에 가면 갈대들이
서로를 껴안고 싸그락 싸그락
속삭이는 소리에
갈대밭은 사랑병을 앓고 있겠지

고향 들판엔 참새들 까치들
끼리끼리 어울려 부르는 노랫소리에
소년의 가슴도 출렁이곤 했었는데

아, 늦기 전에
내 고향에 가고 싶다
삶에 더럽혀진 내가 부끄럽지 않게
내 고향 시멘트로 다 덮어지기 전에
내가 더 늙어 추해지기 전에
고향에 가보고 싶다

詩想, 그대여

한 발자국 가까이 다가가
마음보여 주고 싶습니다
자존심 모두 버린 채
당당한 모습으로 다가서고 싶습니다
다가서면 설수록 자꾸만
뒷걸음치는 그대 만나고 싶습니다
그대가 보고 싶으면
하늘 한 번 쳐다보고
혼잣말을 중얼거리며
그대가 오기만을 기다리는데
혼자만이 간직한 그리움이
이렇게 길게 느껴질 줄 몰랐습니다
수천 번 수만 번 보고 싶다 외쳐도
뒤 한번 돌아봐 주질 않군요
가슴 깊은 곳에
늘 살아있는 시상(詩想) 그대여

우리 집 피아노

박하향이 전해지는 알알한 표정
하얗게 늙어버린 너를
고요한 아침 맑은 햇살이 감싼다
덩그러니 이 넓은 집안에서
온종일 혼자 집 지키는 너
몇 년이 흘러도
주인 잘못 만난 탓에
네 청명한 소리는 들을 수 없고
너는 그저 소리 없이
집 지키는 신세가 되었구나

안주인 또한 장사하느라 바쁘다는 핑계로
장미 한 송이 꽂아주지 못하는구나
내 마음 같아선 청명하게 너를 다듬어 줄
새 주인 찾아 보내고 싶은데
주인의 허세 때문에 너를 아프게 하는구나
응접실로 들어서면서 너를 보는 순간
괜히 미안해지는구나
너를 아껴줄 주인 찾아 보내고 싶구나
아리따운 손길이
네 건반에서 춤출 수 있도록……,

인내의 샘

숨죽여 땅속 깊이 스미는 혈류
약동의 기운 넘쳐나고
터질 듯이 잔뜩 웅크린 꽃망울처럼
긴 기다림에 깊은 속내를 헤집는구나

이향에서의 삶이란
맥을 놓고 그저 망연하게 살아간다면
깊고 어둠 속에서 헤매일 뿐
내 안에 갈망이나 뜨거운 열망 같은 건
그냥 넋 놓고 기다릴 뿐
인내의 샘이란 것
첩첩이 가슴에 안은 삶의 아픔인가
내 가는 길 돌아보니
첩첩산중에서 홀로 걸어가는 것이구나
이방인의 삶은
안에서 안으로 그렇게 참아내면서
인내의 샘을 길러내는 것이구나

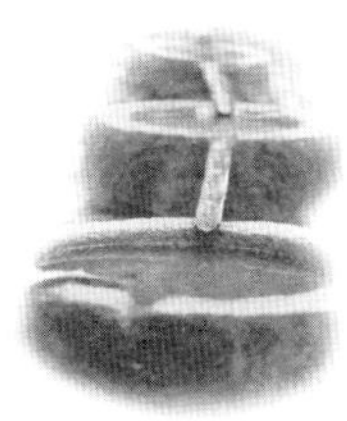

키다리의 말

가짜라는 말은 토마토 같은 알몸이다
빈 껍데기 하나 없는 우윳빛 속살 같은 말
한 점 구름 없는 하늘같이
모래앙금을 뿜어 올리는 샘물 같이 순수(純粹)한 말
막 꺼낸 찐빵 같이 부푼 말
위선이나 가식이 빠지면 다시 쪼그라들 것 같은
진짜 잇몸으로 흐물흐물 할 때까지 질리지 않는 말
연시처럼 달콤한 말 "진짜"라는 단어 하나에
오~오~그래, 진짜? 진짜? 그럼 또 다른 라는 말이 된다

코미디란 낚싯바늘 같은 갈고리 하나 달았을 뿐인데
끓는 가마솥이거나, 용광로의 쇳물 같은 말
진짜? 가짜?
전화선을 타면 돌연변이로 둔갑하는 말
벗기면 벗길수록 양파를 닮은
냄새! 아니면 향기!
빛 좋은 개살구이거나 개복숭아 같은 말
홍수 같이 바람같이 돌변하는 말
가짜가 만들어 낸, 진짜 같은 거짓말
지구가 둥글다는데……. 진짜? 가짜?
이건 코미디가 아니면 들을 수 없는 말

땀방울

살구향 가득하던 신비의 꽃등
벌과 나비 나르니 무뎌진 채
분홍빛 아리따운 잎새 날리어
어느덧 초록으로 익어간다

경주 속에 달라져 간 진초록
아쉬움 없는 세월 속에 향기 담고
열정으로 넘친 욕망의 늪
타래로 풀어놓고 오늘도 걷는다

봄날의 아름다운 그 향기
지나는 길목마다 흥겨운 콧노래
이마를 적시는 땀방울 훔치며
숙연하게 내 삶을 돌아보면서......,

정 하나로

먼 하늘에 그리움 안고
초록의 꿈을 꾸며
정열의 꽃 한 송이 피워놓고
나직이 속삭이는 봄비 맞으리라

영근 잎새 의지 삼아
한잎 두잎 사랑을 피워내며
삶의 불꽃 타오를 그날을 노래하리라

홀연히 꽃잎 떨어지고
낙엽 뒹구는 가을에도
칼바람에 몸을 떠는 겨울에도
이향에서 엮어낸 깊은 정 하나로
한줄기 빛으로 내리는
봄날의 햇살처럼 서로를 보듬어가리라

제 3 부

그대 가슴에 홀씨로 남아

나그네 인생

하늘에 뭉게구름 피던 날
한줄기 먹구름 다가와
소낙비 된 인연의 강가
붉은 장미는 열정을 토했다

삶의 역경 앞에서
오던 길 되돌아가리라 희망하고
나그네 인생
괴나리봇짐을 매고 떠나온 길목
하얀 눈으로 덮인 산야 두고
멀고 먼길 돌아왔다

청정한 소나무 볼 때마다
고향 보듯 바라보며 걸어온 길
절규와 고독이 벗하면서
환한 햇살 비춰줄 그날을 기다렸다

세월이 나를

안 간다. 못 간다
떼를 써보아도
세월이 나를 보쌈 해놓고
뭐 장년석이 지정석이라고
그래
머지않아 나를 경로석에 앉힐
궁리하고 있다고
세월아
나한테 그러면 안 되지
나 너무 억울하지
이국에서 흰둥이들 비위 맞추면서
피땀 흘리며 일했는데
너 나를 그리 쉽게
보쌈하면 안 되지
세월아
나 덩치 좀 봐라
아직은 30년은
더 일할 수 있다는 것 알지
그러니께 말이여
나를 경로석에 앉힐 생각은
일찌감치 접어란 말이여

그리움은 언제나

가슴에 차곡차곡 쌓인 그리움은
아련한 유년의 뜰을 걷게 하고
빛바랜 사진첩에 낀 흑백 웃음과
쌓인 먼지만큼 보고픔을 안겨준다

다 풀어내지 못한 보고픔은
콕콕 가슴에 박혀 씨앗을 내고
하루의 햇살 따라 키를 늘리며
계절의 바람 따라 그리움을 키운다

멀어지면 멀어질수록
더욱 가까이 다가오는 보고픔
떨치려 애쓰면 애쓸수록
가슴 깊이에 파고드는 그리움

이생의 그리움은 언제나
사랑에 울고 사랑에 웃으며
애달픔으로 간절한 노래가 되고
긴 기다림으로 시가 되어 흐른다

마음에 풍요

하소연하고 싶어한다
하지만 하소연도 아무에게나 하면
그 사람과 가장 먼 사이가 될 수 있다
아름답지 않고 편하지 않은
그 어떤 사실이나 이야기로부터
사람들은 등 돌리고 싶게 마련이다
사실 지인들과의 교류는 완전할 수 없다
다른 사람이 나 자신을
모두 이해하길 바란다면 욕심이다
구름이 걷히면
보름달이 더 또렷하고 풍요롭게 빛나듯
어느 순간이라도 진실로 이해하고
교감하는 일은 무척이나 가치 있다
이럴 때 인생이 얼마나 풍요로운가

명절 아침

여명이 밝아오는 새벽녘이다
엄마의 무명치마 자락처럼
하얀 눈송이 휘날리던
어린시절 그 설날은 아닐지라도
세월의 파도 앞에
삶의 고리 다 풀진 못했어도
사계는 소리 없이 오고 가나보다

자연이란 우월의 지존 앞에서
인간의 힘으로 이길 수 없는
한계 넘나들어도 여명은 밝아온다

뜨거웠던 열망도
가슴에 품었던 정열도
아직은 다 이루지 못해도
어쩌랴, 중년이 넘어도
아직 개구쟁이처럼
명절 아침이 이리 설레는 것을

고백

거울 앞에 서보니
세월이 반백을 훨씬 넘었다
숨 가쁘게 일상에 매어 달리다
얼버무렸던 때늦은 고백
한 줌 부끄럼 없이
그대 가슴에 홀씨로 남아
황혼으로 물들인 시간 멈추게 하고
심은 나무 열매로 익혀가는
그대를 사랑하오

티없는 하얀 고백
그대의 눈빛으로 보듬어
봄 부터 자란 사랑
이제부터 마음 반짝반짝 빛나도록
드러내 보이고 싶소
오랜 세월 가슴 깊이 숨겨두었던
꺼내놓지 못한 사랑의 언어들
그대 앞에 떠올리면
왠지 내 풋풋한 웃음이 부끄럽다오
늘 기다려 감싸 안고
내 가슴에 잔잔한 사랑이 일게 해준
그 오랜 시간들이
영롱한 가을맞이 할 때까지
그대를 사랑하리라 다짐한다오

이제라도

여보시게
이제 우리가 나이 들었으니
어린아이처럼 징징거리며
군소리하지 말고 살아가세
그대 홀로
애써 폼 잡고 이기려 하지 말고
그냥 속없이 한걸음 물러서서
슬그머니 웃어보세
그대가 잘나
아무리 우겨대도
이생 마치고 갈 때면 빈손일걸세
살아생전
품었던 각진 마음
편안하게 모두 잊고
무엇이든 사랑하며 살아가세
이런저런 지나간 일
애쓰고 발버둥친들
세월 속에 파묻혀
누구도 안타깝다 하지 않을걸세
이쯤에서
나를 버린 마음속에
사랑하는 마음 품고 살아가세

시인의 집

장엄한 햇살
새벽녘 천지를 밝히고
발걸음 가볍게 내딛는 정원
편안히 숨 쉬는 하루
솔향이 자리를 깔고
신이 내린 자연이 향기로 품어
바람과 구름을 붙들고
詩를 짓는 집

마음이 안기는 자락마다
내가 숲인지, 숲이 나인지
뻐꾸기 울던 추억이
가슴으로 들어와
푸른 언덕을 만들어
작은 일에도
가슴 설레는 詩 짓는 남자
그 남자의 집에
장엄한 햇살비치는 날 언제일까

여름바람

여름밤
푸른 무늬 머물던 골짜기로
방황하던 바람소리
가을을 부르는 소린가
지루한 기다림을 잘라내듯
호숫가에 들꽃들도 영글어간다
꾸밈없이 이슬 밭에 잠자고
산자락에 숨어 살던 여름바람
휘돌던 밤
해맑은 햇살에
속 빈 강정처럼 사그라지는 아침

비 온다

창문을 두드리는 비바람
지천으로 덧칠한
여름을 소리로 씻는다
젖었다
골목길 따라 돌담 더듬었던
저 풀잎
흠뻑 적셔 머리 숙였다
아프다
돌담 밑 작은 풀잎들
저토록 빗방울 얻어맞고
어찌 꽃 피울 수 있단 말인가
비바람 화음에 피멍들 저 꽃잎이
가엽다
울컥울컥 여름도 갈무리한다

희망, 기다림

행여나 방문 열고
날 기다리고 계실까
휘영청 밝은 달에
능수버들 늘어진 가지에
걸터앉아 있는 것은 아닌지
눈앞에 떠 있는
보름달이 춤추는 밤이면
내 안에 고독
슬금슬금 걸어 나온다
까마득한 그리움 같은 것
그러나 생각하면
겨울나뭇잎 같은 메마른 기억들
훨훨 날리자

내일은 또다시
해가 떠오를 테니까
말간 설렘으로 가슴 동여매고
활기차게 세상 속으로 뛰어가야지

시인의 길

눈 들면 하늘 가득
물비린내로 누렇게 바랜 서정
여름날의 꽃들이 만개하지 못하고
사르르 고개를 숙이는 이유

날마다 살포시 품은 정
순백의 마음 자락에
소곤소곤 열려오는 이야기들
성큼 발을 내딛다 말고
다시 되돌아서는 이유

굽이굽이 첩첩산중에
홀로 앉아 영혼에 등불 켜고
한평생 기다려도 행복할 것 같은
내 운명 같은 시심(詩心)
더 가까이 가고파도 가지 못하고
새순 돋을 날 또 기다린다

농부

아침이슬 밟으며
온몸에 가족이란 이름 짊어지고
논두길 걸으시던 우리 아버지
아침 햇살이 퍼지면
머리엔 자식을 이고앉아
밭두렁을 매시던 우리어머니
내 기억의 갈피
한장 한장 넘길 때마다
세월에 스쳐간 모습들이 애잔하다

아픔으로 익힌 갈색 사연
슬픔 같은 꽃잎이 되어
시나브로 허공으로 날아올라
앙상한 가슴에 오갈든 그리움
노을처럼 붉어진다

낙화(落花)

모진 계절 속앓이에도
소리 없이 꽃피우더니만
설익은 봄볕에 속살 파르르 떨며
어느새 낙화하여
땅바닥에 뒹구는구나
네 향기만 허공에 긴 여운 남기고

중년의 가을

도도한 흐름 속에
파랗게 피어 있던 시간
올 마다 소리 없는 그림자로
잠 못 들고 있구나

가을바람
너울너울 곱게 물든 강물 위로
지나온 날 엿보고 있기에
부대끼던 세월 감추고 싶구나

제 갈길 열어가는 세월에
노을이 스며들면
구멍 뚫린 삶의 둔덕에
서릿발이 차갑다
붉은 이파리들 가을바람에 흩날리고……,

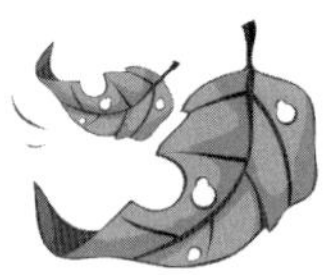

여인아

세상 비바람에 지쳐서
몸부림치는 여인아
세상 무정타 원망하지 말고
흘러가는 세월에 썰매를 타듯
모진 비바람에 인내한 세월
서산에 노을처럼 그렇게
아름다운 노을로 질 여인아

땅거미 내려 대지는 평온하고
진정한 사랑에 힘 넘쳐나는
어둠의 광풍 속에도
저 멀리 하늘에 보일 듯 말듯
별이 되어 빛나고
따스한 봄바람 같은 여인아

친구가 그립다

누구를 만나든 간에
어디를 가든 간에
기쁨을 찾아내고 떠날 때는
그 기쁨을 온전히 남겨 두고
떠나는 친구가 그립다

웃음이 늘 푸르고
그 눈동자 속에 하늘이 보이고
어깨동무를 하면
언덕에 누운 것처럼 편안한 친구

어떤 이야기든
그 어떤 자리든
긍정적인 것을 찾아내고
그 자리를 발전시키는 친구가 그립다

마음에 강이 흐르고
이야기 속에 새들이 날고
왼손을 들면 멀리서도
오른손을 들어주는 친구
청명한 하늘 같은 그 친구가 그립다

사랑이 꽃피는 자리

아련히 다가오는 사랑을
천천히 서둘지 않고 맞이하는 것은
천진하고 맑은 눈동자로
먼 하늘을 바라보는 아이와도 같이
설렘과 묘한 기대감으로
순수해지는 건지도 몰라

사랑을 기다리는 마음이야
애달프다 하겠지만
기다림은 지루하고 힘들어도
그 자리에서 그렇게 지치지 않고
해맑은 웃음처럼 기다리는 건지도 몰라

사랑이 꽃피는 자리에서
가슴 뛰며 맞이하는 만남을 위해
아픔마저 잊고서
네가 나에게 오고 내가 너에게 가는
아름다운 꿈을 꾸면서
벅차고 기쁜 만남을 기다리는 건지도 몰라

캔버라의 가을

산허리 휘감은 노을빛 유혹에
온갖 시름 삭혀진 채
머리에 잔설 앉은 사내의 가슴도
알록달록 물감칠한 비단옷을 입었다

하루하루 부질없이 엮어가는
이방인의 사연
대지에 흩어지는 어둠 속에 묻히면
어느새 내 마음 고향 고샅길로 들어선다

내 허기진 사랑도
가을바람에 파르르 떨며 저물어가고......,

고국의 가을이

감나무 가지마다 붉은 가을 영글고
하늘도 자락자락 빛으로 열리던
고국의 가을이
이국의 하늘에 그려보니
굽어진 물빛처럼 표백되어 흐른다

국화(菊花) 잎새마다
시름인 양 서린 가을
동구(洞口) 밖 은행잎에
노란빛을 드리우던 그 가을이
이국의 하늘에 그려보니
산 능선 오솔길처럼 굽어져 보인다

바람에 하늘대던 하얀 갈대꽃
외진 길모퉁이에 들국화 향기
이국의 달빛에 홀로 흩어진다
고국의 가을이 달빛에 표백되어 흐른다

자연의 소리

너를 따라 찾아간
그 길에는
하얀꽃 피어 있고

졸졸졸 흐르는
도랑물 소리에
허전했던 가슴을 풀어놓았네

먼 발치
홀로 남긴 들꽃에서
거역할 수 없는 자연의 순리를
나도 배워간다네

빈 가슴

캔버라의 겨울 밤
청청하던 별들도 잠든 밤
내 텅 빈 가슴속엔 낙엽이 뒹군다

황량한 풍경 속에
시간도 잠든 밤
내 가슴속의 빈자리, 온기가 그립다

긴 머리칼 찰랑거리며
내 안으로 뛰어들 당신이 그립다

늘 그 자리에

하늘은 그곳에 있었다
언제나 구름 지나간 뒤엔
아쉬움이
봄날의 새잎처럼 파릇한 사랑
나누고 싶지 않은 사람 있으랴

바람은 풀잎에 꽃을 피운다
소리 없이 세월 흐른 뒤에야
사람들의 가슴에 지울 수 없는
풍경 만들어낸다는 것을

너는 소리 없이 흘러간다
나도 소리 없이 흘러간다
구름에 달 가듯
서산에 노을이 넘듯
그렇게 넘어가는 것이 인생이다

나에게도 너에게도 세월은
그 자리에 서있게 하지 않는다

존재

세상을 향한 내 힘줄의 삿대질
점점 쇠잔해지고
폐기의 근육 물러져 가면
언젠가는
내 삶의 여정, 삭정이가 되어가겠지

쇠가죽처럼 질긴 쌈지
얇아질 대로 얇아지면
그때는 부정도 긍정으로
받아들이는 지혜로
세상을 보는 눈이 밝아지겠지

한 때는 삶의 아픔, 술로 삭히며
인생을 포효하던 때도 있었으니
저 산에 우뚝 서있는 소나무처럼
청청한 삶은 아닐지라도
내 존재의 가치만으로도
땀 흘리면서 당당하게 살았노라고
내 자식들에게는 말할 수 있겠지

추억 속의 명절

눈덮인 들판에서 꼬리연 날리다가
손발이 시리오면 짚단에 불을 질러
타는 불 끌어안다가 눈썹 태운 추억도

설날에 찰밥을 초배기에 담아
고사리 손으로도 주먹밥 만들어
온종일 팽이치기로 추운 줄도 몰랐었네

개울가 언저리서 고드름 꺾어 먹고
막대로 만들어서 자치기 놀이하다
별빛이 내려오면 집을 향해 걸었네

부부

고운 인연 끊지 말자
가슴 졸이며 다짐하고
마음 흔들던 사랑
파뿌리가 되어 지팡이를 의지할 때까지
사랑의 끈으로 묶어있는 사람

당신을 사랑하고도
다가설 수 없는 그리움이 있듯이
내 눈 속에 분기점 하나 남겨놓아
좀처럼 꺼지지 않을 인연의 불길

흘러가는 세월에 생을 맡겨놓고
타는 불씨로 가슴에 묻어두고
가정이란 꽃을 피우기 위해
사랑은 짧아도 길게 느끼며
목숨처럼 질긴 연민으로 삶이
두꺼워지면 질수록
서로를 껴안고 가는 사랑
떨치려야 떨칠 수 없는 사랑이어라

아버지의 삶

1,
신비로운 기운 뿌리던
새파란 달빛
하늘에 묻히어 지나치면
동굴 벽에 그어대던
작대기 열두 개
마지막 남은 막대 하나
안개 젖은 밤
산 넘고 강 건너 사냥하다
우두머리가 되어 동굴로 돌아온
아버지의 삶

모닥불로 향 피워 어둠 속에서
지켜 볼 조상의 눈 밝히고
힘든 여름날 꼭꼭 갈무리했던
알곡과 열매 풀어헤치고
행복한 웃음 터뜨리며
서로 거칠어진 매무새 고치던
아버지의 삶

2,
자식들 잘되라는 훈계의 말씀
전사의 모습 같은 당신에게서
이어진 유전자 핏줄을 안겨드리면
당신의 말간 그 웃음 보고 싶었는데
어찌하여 그리도 빨리 떠나셨는지요

당신의 눈에 담아드리지 못한
나의 삶이 가슴 터지듯
아픔으로 맺힙니다
동굴 밖 벼랑 어둠 속에서
마알간 꽃 피워낸
이 아들이 보고 싶지 않으신지요
유유히 흐르는 세월이 안타까워
가파른 절벽에 멈추고 싶습니다
아버지 당신을 그리며......,

덫

아프니까 청춘이라고
꽃진 자리 아직도 피멍이
시퍼렇게 살아있다
처절하고 황홀한 꽃의 몸
찬연한 아픔으로 살아나
가슴을 에이고 있다
아직도
가슴이 시리고 아픈 나는
슬픈 청춘의 꽃을 품고 있나보다
슬프고도 아름다운 꽃의 형상이
어머니의 자궁인 양
아직도 나는 피멍으로 운다
어린 날 그 시퍼렇게 멍든 아픔으로
아직도 나는 가슴을 에인다

말이란 것이

이것은 본디
머릿속에서 잠자코 있다가
살짝 건들기만 하여도
꿈틀거린다

암컷도 수컷도 아닌 것이
자꾸만 새끼를 치며
뿌리가 없는데도 가지를 뻗는다
이걸 어쩌자고 건드려 놓았나

생각에 생각이 꼬리를 무니
뒤통수를 송곳으로
찌르는 듯한 통증으로
까만 밤이 하얗게 변하누나

참사랑

1,
우리가 사는 세상
서로의 마음에 상처주지 않고
봄꽃처럼 화사하게
가을낙엽처럼 붉고 아름답게
진실한 가슴으로
사랑을 전하면서 살면 안될까요

세상으로부터
한 두 가지의 아픔과 슬픔
가슴에 묻고 살아가는
사연 많은 나 같은 사람도 있잖아요

2,

진실한 사람과 사람이 만나는
행복한 시간까지도
삶 속에 포함된 인연이니까
시기심보다는 따뜻하게
서로를 토닥토닥 품어가면 안 될까요

가끔은 나와 같은 마음을 만나면
닮은 삶을 만난 감동에 용기를 얻고
한 글자 한 글자
정성껏 바로 알아가는 어린아이들처럼
동심으로 살아가면 안 될까요

문우지정 나누면서
아름다운 글로 수를 놓으며
다정한 사랑 서로 나누면서 살면 안 될까요
이국의 하늘 아래서
사랑의 눈으로 바라봐주면 안 될까요

꿈과 희망

세상을 바라보며 두 주먹 불끈 쥐고
우렁찬 희열의 함성
메아리 고동치는 구유에 태어났다

누구라고 꿈과 희망 없으오리까
모두는 다부진 세상을 헤쳐나갈 양
빈손으로 왔다가 가는 걸 몰랐고
올 때는 불끈 쥐고 왔으나
갈 때는 두 손 모두 펼치고 가는 것을
누군들 모르오리까

존재의 가치 앞에 쥐었던 손 펴보니
사막의 해질 녘이었고
행복의 시작이다. 욕심을 놓으면
아름다운 환상이 보인다는 것을
누군들 모르오리까

세월이 흘러도

늘 그리움 있네
하늘을 봐도, 나무를 봐도
울컥 솟아오르는 그리움 하나 있네
그리움으로 시로 노래하여
바람에 날려보내려 하네
내 남은 그리움
그림을 그려 하늘에 걸려 하네
그러고 보니
이방인에겐 세상이 온통 그리움이네
봄 여름 지나 가을 가고
겨울이 와도
이방인의 세월엔 그리움만 커가네

타이밍 사랑

진정 목마를 때 물 한 모금이
중요한 것처럼
그때그때 나에게 필요한 사랑
외로워할 때 따뜻한 말 한 마디
잠 없는 새벽
영혼 어루만질 수 있는 사랑
마음이 흔들리고 있을 때
확신을 주는 말 한 마디
나른함을 느낄 때
마음을 어루만질 수 있는 사랑
기쁜 일이 있을 때
같이 나눌 수 있는 사랑
속상한 일이 있을 때
마냥 내 이야기 들어줄 수 있는 사랑

사랑은 타이밍이다
멈추어야 할 때
가야 할 때
그 타이밍을 잘 맞추는 것도 사랑이다

빈 의자

뒤꼍에 놓인 빈 의자는 말석이다
영혼이 육체 밖에서 쉬었다간 것처럼
따스한 온기조차 없는 분리수거 직전처럼
퇴색된 삶의 자락에서 빠져나온 말석이다

해 지는 하늘로 날아가는 새를 보니
저 작은 육체에 깃든 가벼운 영혼이 부럽다
어리석은 사냥꾼의 총에 맞아떨어질지라도
저 가벼운 가슴이 부럽다
풀잎에 맺힌 이슬에 목욕하는
저 작은 몸짓이 부럽다
퇴색된 빈 의자에 둥지 틀지라도

인생도 언젠가는
빈 의자로 돌아간다는 순리를
해 지는 하늘에서 배운다
말석 의자에 내려앉은 달빛이 아름답다

세월의 꽃

뉘엿뉘엿 노을이 쏟아지는
저녁 하늘
내일은 구원으로 물들어 가고
세월이 정전을 일으켜나
공허한 헛바퀴 돌아간다
가시 같은 작은 빛이
호주할머니가 밀고 가는 유모차에 담긴다
빈 상자 실은 트럭 한 대도 언덕을 타고 오른다

노인이 아니면 절대 그릴 수 없는 풍경이다
젊음이 펼 수 없는 노련미가 발동한다
파도가 밀리듯, 뭍을 향해 미끄러져 오고
작은 바닷가의 삶들이 세월에 미끄러져 간다
광활한 대지에서 꿈을 펼쳐놓고
저 호주할머니의 삶도 긴 여운 남겨놓고
그렇게 세월에 미끄러져 가겠지
한 세월 인생의 꽃으로 피었다
그렇게 지고 말겠지
저녁노을 빛으로 타오르겠지

길 위에서

6월의 4째 토요일
시드니와 캔버라 고속도로를 길 위에 서 있다
캔버라는 살얼음이 얼었는데 시드니는 따스하다
늦가을 여정 속으로 들어오는 내 마음도 따스하다
내 나라의 말
행복한 방언을 왁자지껄하며 나눌 생각에 가슴이 부푼다
소담한 사람들의 얼굴이 그려진다

어떤 말로 모두를 행복하게 해줄까
생각의 집을 지었다 허물면서
마음이 먼저 달린다

여러 색깔이 뒤엉킨 세상 틈바귀에서
그나마 같은 색깔에 같은 언어로 웃고 울며
살아가는 우리, 누군가의 입술로
우리를 확인하면서 살아가는 시드니에서
우리라는 뜨거운 피가 흐르기에
그래도 옹기종기 서로를 지켜가고 있는 것이다

하얀 옹기점으로 오톨도톨 박음질해가는
얼굴들이 뒷모습 보이며
내 시야를 벗어나지 않기를 바라면서
나는 오늘도 캔버라에서 시드니로 가는 중이다

제4부

골짜기에 바람이 누우면

스트라스필드 광장

역 광장에서 이야기꽃 피우는
한국사람들
우리 아버지 같고 우리 어머니 같은
우리 형님 누이 같은, 다정한 모습이다

내 눈길 자석처럼
그 사람들 속으로 끌려들어 간다
그리움 가득한 모습이 애잔하다
가슴에 가득하나 그 사랑 하늘에 심었는지
내 눈엔 모두 쓸쓸해 보인다

같은 민족이라는 끈
잡고 밀고 당기듯 은근히 가슴이 아프다
다정하게 어깨 빌려줄 정이 그리운지
나란히 삼삼오오 모락모락 이야기꽃 피운다
가을햇살 속에 노니는 회색 비둘기처럼
내 고국의 유순한 향기 묻어나는 사람들이
내 눈엔 왜 그리 쓸쓸해 보이는지

꿈. 1

차가운 광장 시멘트 바닥에
가늠도 못 하게 술 취해 넘어져
자는 사람에 걸려 휘돌아
빼져 나가야만 했다
종이상자 찢어 깔고 앉아
광장 길목에서
장기 두는 노인들의 수염이 희고 길다
앞을 봐도, 옆을 봐도
깊은 계곡에 바위와 나무들뿐이다
큰 키에 슬금슬금 비켜가니 노인이 나를 부른다
"자네 글깨나 읽었다지?"
"아~아닙니다요"
"속이 꽉 찬 벼가 고개 숙인다는 것 알지"
" 그럼요. 알다 마다요"
"그럼 가 보게나, 뒤돌아보지 말고"
"네"………아이고 무섭네
누군가 세워놓은 지게를 짊어지고
휘적휘적 산길을 내려오면서 아침을 맞았다

꿈. 2

담배연기 속에 은둔한 채
구멍난 마음의 창으로 세상을 본다
세상에 널려있는 하얀 꿈들을 줍는다
줍다가 줍다가 이윽고
내 안에 욕심으로 가득한 헛된 꿈을 찾는다

실오라기 같은 인생사를
두 어깨에 걸머지고
내 마음에 앉아있는 부처를 만났다
그런 것이 신선놀음인가

욕망의 능선 헤매다가 돌아온 아침
온몸으로 스며드는 물안개 뒤집어쓴 채
살갑게 해맑은 흑조들이 나를 맞이한다
언제나 나를 기다리는 흑조들이 있기에
나는 아침마다 호숫가를 찾는다

밤새도록 하얀 날개처럼 돋아나는
아지랑이 밟다가 맞이하는 아침

꿈. 3

배신의 시간이다.
시간을 잃어버린 바다는
수백 년 해송 숲에서
세월을 훔쳐내고 있다

비린바람 한 모금
폐부 깊숙이 들여 마시니
불꽃 같은 노을에 노송이 불탄다
지는 해를 바라보며 통곡한다
기약 없는 이별은 배신이 아니던가

그래 마음 붉게 물들이면
무엇하랴, 뜨겁던 열정 식어버리고
사랑의 불씨도 꺼져 온기 한 줌 남지 않았는데

전율로 타는 가슴
후회와 긴 한숨으로
바다는 서서히 어둠으로 물들고
해송은 푸르름으로 잠들었다
나는 긴 팔로 해송을 껴안으며 꿈을 깬다

꼭두각시 인생

오르막 내리막 유희처럼 산 세월
가슴 설레는 낭만과 추억의 가락 소리
가슴 젖은 구수한 어머니의 손맛
허한 가슴 따뜻한 체온으로 채우고
심장이 고동치는 괘종시계
열정의 불씨로 스치는 바람 속에 묶어놓은 청춘

신은 우릴 똑같이 사랑하고 선택하여
지구 속에 팽이처럼 빙글빙글 돌아
욕망의 불꽃으로 나부끼는 탈
세상사 헛되듯이 낭비하는 시간
소망의 번뇌도 상흔의 뿌리
새로운 희망을 찾아서 꼭두각시 같은 광대놀이

기쁨과 즐거움, 사랑으로 놓아준
징검다리 건너 스스로 평정하며
눈물보다 웃음이 가득한 세상
마음도 몸도 쉬어가는 세상
높은 산, 인생이란 새로운 희망을 찾아
가슴 포근한 소박한 꿈, 운명의 짝
유수를 돌아 멀어져 가는 저 발자국

사람과 사람

길지 않은 인생길
삶의 한 구절 감동으로 사시사철
변화 속에 희망의 담금질로
해맑은 웃음 간직하고
설렘으로 가슴 섞는 행복한 사랑도
질책과 질타로 투정하는 것이 삶이다

여우 같은 사람, 곰 같은 사람
앵무새 같은 사람도
어둠 속으로 걸어가라 하면
빛을 기다리지 않을 사람 어디 있으랴

마음과 마음이 통하는 사람
진정한 땀과 눈물을 아는 사람
우수에 젖어 애상이 흐르는
하늘을 보면서
서로를 내려놓을 수 있는
그런 사람이 그립다

샴페인 거품처럼 신선한 사람
서로의 가슴에 행복의 꽃 피워주는
그런 사람이 그립다

땀방울

정으로 살다가는 인생
이 땅에 태어나 허허로운 삶 한자락
새벽을 깨던 사람들
운명의 바다에서 노저으며
비몽사몽 홀연한 사랑
알록달록한 삶을 꿈꾸며
정직한 수고의 땀방울 폭죽처럼 터지는
젊음의 열정 화려하게 채색된
삶의 모퉁이, 욕망의 정거장마다
가다듬은 가슴으로 생은
미우나 고우나 갈등과 아픔을 껴안고
친친 동여맨 거미줄 같은 세상에서
그렇게 살아갑니다

가슴속에 불행
허허로운 추억 한자락
사람과 사람의 향기로 덮어가며
인생은 그렇게 세월이 주는
나이테가 흘린 웃음에 감사하며 살아갑니다
겨울 나목이 가지마다 피운
하얀 세상이 봄을 기다리는 것처럼
그렇게 살아갑니다

마음에 풍경

내 삶에 자그마한 둥지
정 때문에 달콤한 가족울타리
어린날에 꿈꾸던 동화 속에
그림 같은 꿈을 이루고
내 인생 풍경화에 그려 넣어
아름다운 삶을 노래하리라

언 땅 뚫고 솟아오르는 새싹처럼
노동의 땀 녹여가며
이루어낸 작은 생명들
이제는 외롭지 않게 하리라

어린날에 꿈꾸던 동화 같은 삶
이제는 반쯤은 이루었으니
내 가슴속에 침전된 아픔덩어리
이젠 꿈틀거리지 않게 잠재우리라

가벼운 길

육신도 가슴도 자책에 빠진
찝찔한 삶의 찌꺼기 버리고
물 위에 둥둥 떠는 물새처럼
수평도 직선도 힘찬 심장박동소리도
가볍게 세상에 떠다니고 싶습니다

죽고 사는 건
하늘의 뜻이라면 일장춘몽인
이 세상살이
몸이 살아야 사랑도 행복도
필요하다는 원칙으로 더욱
해맑은 웃음소리로
꿈속까지 행복한 미소로
곰삭은 가슴 기쁨으로 채우며
영혼도 기뻐할 부끄럽지 않은 길
찾아가고 싶습니다

나의 소망

나의 한가지 소망은
내 마음이 높아지는 것이 아니라
낮아지기를 원합니다
마음이 따뜻해지기를 소망합니다
나는 날마다
마음이 낮아지고
겸손하기를 노력할 것입니다

나의 한 가지 소망은
내 생각이 복잡해지는 것이 아니라
단순해지는 것입니다
생각이 복잡할 때보다 단순해질 때
마음이 깊어지기 때문입니다
나는 날마다
마음 닦는 연습을 해야겠습니다

추억의 강

개여울 건너 앞산에
붉은 노을 산머리에 걸리면
금빛으로 여울지는 시냇물
흘러흘러 어디로 가나 했던
그 시절이 그립다
한나절 지저귀던 종달새 둥지 찾아
헤매던 그 시절의 봄날이 그립다
긴긴 봄날 배고픔도 잊고 뛰놀던
산과 들
지금은 어떻게 변했을까

코 흘리개 친구들
오랜 세월이 흘렀건만
그 시절 그 추억
내 가슴속에 금빛여울로 일렁인다
이별 아닌 이별로
태평양 건너서 살아가는 삶
내 평생 잊지 못할 그리운 친구들아
지금쯤 그 어디에서
백발이 성성하여 추억을 그리는가

가족

힘들었던 하루
내 가슴속에 가족이라는
그림을 그릴 수 있어 행복합니다
시드니로 가는 발걸음이 가볍습니다

슬픈 얼굴 보이지 않을 것 같은
당신이 있기에
사랑하는 우리 아이들이 있기에
내 비록 땀 흘릴지라도
내 가슴속에는 기쁨이 충만합니다
시드니로 가는 길이 더 넓어 보입니다

빈 가슴

말 많고 덜렁거리는 내 성품마저
사랑으로 가득 채워 주려는
그 애틋한 마음을 알기까지 너무나
먼길을 돌아서
이제서야 당신 앞에 서 봅니다
조금만 더 일찍
그 마음을 알았더라면
당신에게 미안하다는 말을
되풀이하지 않았을 것을

이제 다시는
당신에게 미안하다는
말은 하지 않겠습니다
당신의 빈 가슴
이제부터 채워주고 싶습니다
살아온 날 후회하고 지냈더라도
살아가야 할 날에는 후회하지 않게
당신의 빈 가슴
사랑으로 가득 채워 주고 싶습니다

기억, 그리고 희망

울퉁불퉁 비포장도로를 달려
물처럼 빠른 세월 살았지만
가슴속에 희망하나 품고 살았다
덜컹거리는 인생 열차에 앉아
중심을 잃을 때도 내손 잡고 있는
가족만 기억하면서 살았다

타향살이 외로워도
더 늙어지기 전에
내 품었던 희망 꽃피우기 위하여
마음속에 파고드는
시린 바람 밀어내면서 살았다

오늘은
내 피워놓은 꽃 바라보면서
등줄기에 흐르는 땀방울 식힐 수 있으니
나는 행복한 사람이다
이젠 우리 아이들 기억 속에
부끄럽지 않은 아버지로 남기 위해
내생에 한 줄의 글이라도 더 남기고 싶다

하루의 매듭

내가 사는 오늘이 혹시 누군가
못 풀고 내던진 억겁의 매듭이 아닌지
나보다 먼저 살다간 그 누군가
꽁꽁 동여맨 매듭 풀기 위하여
무던히도 애쓰다 눈물 흘린
서러운 하루가 아닌지
그 누군가 감당하지 못했던 날을
내가 움켜쥐고 놓지 못하는 건 아닌지

돌아보면 아픈 흔적뿐인 나인데
지난날 답답했던 날들에 공연히
부모 잘못 만난 탓만 하고 있었다

이제부터 나는 다른 삶을 살 것이다
좀 더 산뜻하게 하루를 시작할 것이다
몇 시간 후 다시 무거운 시간에
시커멓게 먼지 묻어 집으로 들어올지라도……,

만남 뒤엔

매월 우리는 문학인으로 모인다
헐렁한 옷차림이지만 내가 좋아하는
사람들의 웃음을 볼 수 있어
캔버라와 시드니 고속도로를 달리는 내내
흥분된 마음이다

회의가 끝나도 회원들과 헤어지기가 싫고
순댓국 뚝배기에 소주 몇 잔이라도 나누고 싶다
회원들은 술 마시기를 좋아하지 않지만
나는 그 시간이 더 없이 행복했다

나와 술이 언제부터 친했는지 모르지만
오늘 같은 날엔 부침개를 곁들인 소주 한 잔
아니면 삼겹살에 소주로 궁합 맞추면서
엉클어진 삶을 빗질해보는 것도 좋고
풀리지 않는 문학의 실타래 풀어보는 것도 좋고
굳이 풍류로 말하자면
"뭐라던가"
사색이라나, 영감이라나 그런 단어도
좀 더 진지하게 풀어보고 싶은데 시간이
너무 짧은 게 탈이다
내일 또 캔버라로 가야 하니까

캔버라의 장송

산골짝엔 사철 물이 흘러내리고
잔디와 수목으로 기름진 산기슭에
하늘 높이 치솟은 낙락장송(落落長松)
서양사람들은
너를 무슨 나무라 부르는 진 몰라도
나는 너를 한국선비라 부르고 싶구나
구름을 휘젓는 웅장하고 풍요로운 네 모습
내 비록 이 땅에서 노동자일지라도
네 기상 볼 때마다 큰 힘이 솟는구나

오늘도 캔버라의 새벽을 깨우며
발끝에 밟히는 작은 풀꽃 방실거리는
이 아름다운 대지에서
너와 함께 살아갈 수 있다는 것에
감사하지 않을 수 없구나
하늘 높이 치솟은 낙락장송(落落長松)아
네 모습 볼 때마다 큰 힘이 솟는구나

영혼의 광대

설한에 밀려드는 육중한 고뇌
세상사 바람에 보내고 당신을 사랑하건만
그대의 그늘에 난쟁이처럼 주눅이 들어
내 마음은 훨훨 구름을 타고 여행한다오

따스하면 따스하다고
진정으로 말해주길 바라는 마음
바람에 밀려 간곳없어도
나는 화려한 광대가 되어
세상 굿판에서 훨훨 춤추고 싶다오

하긴 세상사 죽고 사는 것이
내 뜻대로던가
나, 훗날에 흘러가는 유성이 될지라도
물욕에 치우치지 않고 사람답게
가슴속에 사랑 가득 품고
그저 내 영혼 가볍게
세상 광대가 훨훨 날고 싶다오

만고풍상

세월의 강을 건너 흘러온
타국에서 아직도 새해의 아침을 맞는구나
유수 같다던 시간의 굴레
쏜살같이 달려서 과녁을 뚫어보아도
여전히 나는 이방인이구나

한 세월 물결 따라 파도 치는 갯바위
만고의 풍상을 몸으로 담아
익혀진 인간의 진리
야속타 투정 없이 침묵으로 걸어가리라

신묘년 토끼의 해
쉼 없이 뛰다가 아프고 외로우면
햇살 좋은 날에 오수를 즐기다가
내 영혼이라도 고국의 하늘에 노닐리라

인연

눈물이 아닌
따스한 감성 못다한 인연
풀리지 않게 단단하게 묶어
외롭고 고달픈 삶이 아닌
행복한 삶의 주인으로 살 수 있게
다음 생애에서도 만나고 싶다

천 년이 걸릴지 백 년이 걸릴지
알 순 없지만 다시 만난다면
그때는 후회 없는 삶이고 싶다
다음 생에서의 사랑도
내 심장의 주인공은
당신이었으면 좋겠다

멋쟁이

1,
멋을 아는 사람은 늙지 않는다고 하는데
보통 '멋' 하면 젊은이들의 전유물로 생각하기 쉽다
그런데 흰머리가 희끗희끗한 노년이
세상 속에서 서슴없이 자신의 일을 할 때
젊은이들보다 더 멋있게 보인다
마치 무엇으로도 살 수 없는 값진 보석처럼 느껴진다

그런 노년을 본 사람이라면
누구나 노년의 멋스러움이
무엇인지 충분히 알 수 있을 것이다
그러나 대부분의 노년은
나이가 들어가면서 이미 지나간 젊음을
아쉬워하기만 했지 찾아온 노년을
멋스럽게 맞이할 생각을 못하는 것이 아쉽다

2,
나는 어떤 노년을 맞이할 수 있을까?
젊음이 충만했을 때도 멋을 몰랐는데, 나에게 멋이란
삶에 여유가 있다고 생겨지는 것이 아님을 안다

하지만 노년의 멋이란 것에 대하여
요즘 많이 생각하게 되었다

"풍류의 멋"
어디서 어떻게 찾을까 고민이다
고급승용차를 탄다고 멋있는 사람이 아니란 것을
비싼 옷을 걸쳤다고 멋있는 사람이 아니란 것을
고급 음식점을 출입한다고 멋있는 사람이 아니란 것을
잘 알기에 내 노년의 멋을 찾아야 한다

그래야지, 외모에서 풍기는 것보다
정신적으로 나를 닦기로 했다. 조화를 이룰 때
비록 노동을 할지라도 나는 멋진 노년을 설계해본다
풍류의 멋을 실현하기 위하여
내 노년은 고국의 귀중한 사회의 받침이 될 수 있는
문학인으로 부끄럽지 않기를 꿈꾼다
그런 노년을 위하여 나는 오늘도 열심히 소금꽃 피워낸다

각도

사람이든 물건이든 그 위치에 따라
가장 아름답게 보이는 각도가 있는 것처럼
어디에서 보느냐에 따라 아름답게 보이기도 하고
추하게, 날카롭게, 부드럽게 보이기도 한다

지난해 우리 가족이 살기엔
넓다는 생각이 더는 넓은 집을 지었다
나무 한 그루도 심는데도
위치와 각도를 잡지 않을 수가 없었다
사람도 마찬가지란 생각이 들었다
어느 위치에 있느냐에 따라서
보는 각도가 다르다는 것을

하긴 나 같은 노동자에게 각도가
어디 있으랴 만은
나에게도 좋은 점이 있을 텐데,
그 좋은 점은 보지 않고
사람들은 자신의 각도로만 보고 듣는다

그가 누구냐가 무슨 문제인가
어떻게 보느냐가 문제이지
분명 오늘은
어제와 다른 각도가 다르다는 것이다

노동현장에서

남쪽나라 꽃피는 세상 찾아 내 젊음
줄기차게 걸어온 길, 어디쯤 왔을까?
길기만 한 여정의 끝에 꽃봉오리 피우려고
온 등줄기에 흘린 땀 햇살에 말리곤 했었다

터질 듯 부풀어 오르는 파묻힌 지뢰밭처럼
응어리로 앉은 그리움이 분노가 되어
때로는 허공에다 가슴을 열고
혼자 꾸역꾸역 울음을 토하기도 했었다

그렇게 세월은 흘렀고
노동현장에서 내 꿈이 꽃으로 피기 시작했고
또 다른 눈으로 세상을 볼 수 있었고
사람 사랑하는 법도 배웠습니다

거듭 새롭게 내 본심 언제부터인가
모과향기 같은 진정한
진실한 사람의 향기를 알게 되었다

꿈 하나 이루려고

햇볕 좋은 뒤뜰에 서서
허공과 무의미한 대화만 주고받다가
순간 사람냄새가 그리워져서 밖으로 나간다
가만히 생각해보니 누군가가 그립다는 것은
진정, 마음과 마음을 주고받을 사람이 없다는 것인데
바로 내가 그런 사람인가 보다

이방인의 삶이란 어떡하면
고국에서 이루지 못한 꿈을 이향에서나마
푸르름으로 이루어낼 수 있을까
그런 생각으로 살아오다 보니
내 안에 진정한 사람냄새 풍길 수 있었겠는가

오직 살아남아야 하고
땅에 깊이 뿌리내려야 하기에
열심을 다해 나는 노동현장에서
땀 흘릴 수밖에 없었다
내 부모님이 물려주신 튼튼한 육신 하나로
내 둥지 지켜야 한다는 일념으로 열심히 살았다

아내의 고운 모습
내 가슴에 담기도 전에
어느덧 머리에 잔설을 이고 있는
아내를 볼 때마다 가슴이 찡하다
아내가 힘들어 할 때
손 한번 잡아주지 못한 삶에도
나는 결코 부끄럽게는 살지 않았다

내 삶의 목적

어차피 한 번 왔다가는 인생
이 한몸 편하게 쉰들 뭣하리
내 심장이 멎는 그날까지
내 몸뚱어리를 고달프게
내 강인한 정신력으로
아름다운 생을 불태우리라

그래 뛰어보자

사지 육신이 내 말을 들어줄 때
나는 뛰어야 한다
삶이 고달프다 하고
어이 지구를 짊어지고 천정만 쳐다보랴
노후의 안락한 보장은 나의 몫이니
누굴 탓하랴
비록 힘든 현실일지나
어이 일촌광음을 헛되이 할 수 있으랴

세상은 요지경

잠 못 드는 밤, 유령처럼 서 있는
짙은 안개 속의 가로등도
고개를 숙이고 고뇌하나 보다

일터에서나 잠자리에서도
나는 아직 할 일, 하고픈 일이 많다
상념에 휩싸인 하루였다

하긴 산다는 것은 고뇌이니까
낭떠러지 끝에도 서 보고
원치 않는 일에 휘말려 고민하면서
까닭없는 오해를 받기도 하면서
가만히 있어도 발에 채이는
돌부리처럼

반칙들이 요동을 치는 세상이니까
뻔뻔함으로 가면을 쓰고
이기심과 분별력 없는 아집으로
정의에 맞서는 파렴치한 작태들이
판치는 세상이니까

새벽 안개

중천에 도도하게 떠있는
초승달
하염없이 내려다보고
안개 자욱한 새벽을 기다린다.

네온이 삼켜버린 밤
아쉬운 여운을 뒤로한 채
고독한 가슴 독백을 삼킨다

흐르는 물 막을 수 없고
흘러가는 시간 잡을 수 없어
쌓여가는 번민의 타래
강물 따라 도도하게 흐른다

겨울 독백

구르던 잎새도 숨죽이고
고독의 외로움 둔치에 묻혀있다
나목의 아픔을 노래하는
캔버라의 밤바람소리에 오금이 저리다

갈대도 바스락거리며 춤을 추고
칠월의 겨울 밤이 깊어간다
고독으로 몸부림치는 나뭇가지
창가에 다가와 소리치며 부른다

새로운 시작의 전운이 감도는 심야
독백의 흩날림에 동병상련
아스라한 골짜기에 바람이 누우면
중년의 가슴으로 별들이 떨어진다

영혼의 노래

가슴에 담은 응어리
비탈진 산길을 돌아 오른다
골짜기 계곡물 노래하며 흐르고
등성이 비탈길에 들꽃이 피어
한세상 구경하던 자국이 선명하다
보랏빛 자줏빛 알록달록 사연을 담는다

저 언덕 넘어가는 날 바라보며
망각 속에서 불 같은 열정
버거운 짐을 지고 한을 풀어내며 가야 할
내 길에 영혼의 노랫소리 들려온다

친구야 . 1

친구여 너무 염려 말게나
폭풍도 잠시면 지나가고
밝은 빛이 보일 거라네
저기 등대가 보이지 않는가
그 빛이 보인다는 것은
소망이 있다는 것이라네
잠시만 참게나
세찬 비바람 뒤에는 언제든지
밝은 태양이 있다는 사실이라네
지구가 둥글다는 것을
자네도 잘 알지 않는가
우리가 저 반대편으로 갈 때쯤이면
태양이 떠오르고
세찬 비바람은 우리 곁을 떠나갈 걸세

한나절이면 충분하다네
저 반대편으로 가는 시간은
고작 한나절인데
무엇이 그리 어렵겠나
조금만 참아 보세나

친구야 . 2

얼마나 다행인가
지구가 돌아간다는 것이
바람이 한 곳에 머물지 않는다는 것이
오늘 하루만 참고 있으면
저쪽 반대편에는 따뜻하고 온화한
그런 날이 온다는 것을

목소리를 높이게나
그리고 큰 소리로 불러 보게나
저 반대편에 있는 행복이
더 빨리 오도록
목청껏 같이 힘껏 불러 보게나

보게나 친구!
메아리로 울리지 않는가
조금만 기다리라고
지금 오고 있다고
지금의 고난 견디어 보게나

저 건너편에서
즐거움이 오고 있다고
응답하지 않은가

우리에게는 있다네
이겼다는 이름이 있다네
승리자의 이름이 있는데
무엇이 두렵겠는가

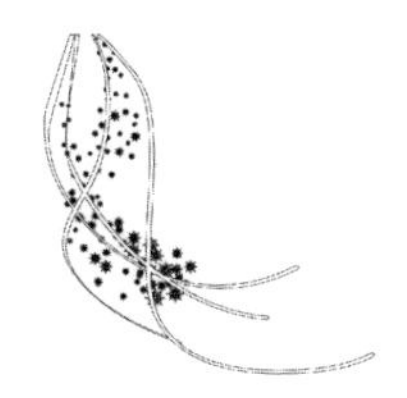

기분 같아선

이런 삶이면 좋으련만
인생에서 행복한 기다림 하나쯤
가슴에 품고 살아도 외롭지 않겠지만
그런 행복은 나에게 없으니 어쩌랴
인생에서 그리운 한 사람 있어도
외롭지 않겠지만
그런 사람 나에겐 없으니 어쩌랴

그래 어쩌랴
이런 삶도 내 팔잔 거야
햇살 좋은 날엔
밝은 목소리로 전화하는 거야
비 내리는 날엔
젖은 목소리로 전화를 하는 거야
별일 없느냐고

아마 눈치 빠른 우리 마누라
금방 내 기분을 알아채고
뭐라고 말할까
삶이란 생각처럼 쉽지 않으니 어쩌랴

희망으로

가끔은 낯선 곳에서
이방인이 되고픈 사람도 있겠지만
한 번 쯤 고독과 외로움
생각에 담아보는
그런 사람도 있겠지만

삶이 주는 시간 속엔
정겨웠던 시간도
외로웠던 시간도
겪어보지 않고선 모든 것들이
꿈이고 환상이지요
삶을 향해 줄달음질 쳐도
끝이 보이지 않던
그 길에 서보지 않았으니까요

지난날의 아픔이랑 다 잊어버리고
희망이란 큰 글자 가슴에 새기고
오늘도 활기차게 아침을 시작하렵니다
캔버라의 햇살 속으로 들어가렵니다

나의 하루

만찬의 꿈 두 어깨에 실어
의젓하게 폼 잡는 빛좋은 개살구
검붉은 앵두처럼 화려한 초여름
출렁이는 하루가 흔들린다
내 육신의 땀꽃처럼

흐린날 청개구리 한 마리
만찬을 꿈꾸며 우물 안에서 헤엄친다
중년 사내는 자신의 호탕함을 자랑하며
시간을 조롱한다
비록 땀에 절은 입성일지라도
내 어찌 의젓한 행세 누리고 싶지 않으리
문민의 거침없는 삶에도
해가 뜨고 달이 뜬다고 하지 않았던가

한 평생 내 두 어깨 위에
철밥통 같은 삶이 달려있다는 것, 잊었다면
내 어찌 사랑하는 가족이 있었으리

가을밤에

호주의 가을잎새
쓸쓸한 이방인의 마음처럼
적막함으로 잠이 들고
간간이 서있는 네온의 불빛
가을바람에 더욱 쓸쓸하다
뒷골목 어디에선 광란의 도가니일 테지만
하늘은 여전히 어둠으로 자맥질을 한다
캔버라의 밤별은 유난히도 영롱한데
가슴 깊이 심어가는 내 문학의 꿈
언제쯤에나 영롱해질까나
아무리 발버둥쳐도 돌아서면
그 자리 그대로인 것을
나 어쩌란 말인가
반세기가 흘러도 변치 않는
고독 앞에선 늘 허기진 중년
서러움도 즐겁게 간직하려는
내 몸부림이 애처롭다
애상이 서린 눈망울 하늘에 머무는
캔버라의 가을밤

서평

작품해설

[석계 안상기 시인의 시세계]

과거와 현재적 체험의 리얼리티로 일궈내는 "상상의 서정주의"

전형철 시인. 문학평론가

[석계 안상기 시인의 시세계]

과거와 현재적 체험의 리얼리티로 일궈내는 "상상의 서정주의"

전형철 시인. 문학평론가

석계 안상기 시인의 제2 시집 『나 지금 어디에 서 있는가』의 원고 뭉치에 온통 눈길이 쏠려 있다. 모두 140여 그루의 튼실한 시나무들이 빼곡하게 심겨져 있다. 공들여 가꾸었음직한 그 나무들 사이로 뵈는 풍경이나 사물들이 눈에 익은 평범한 것들임에도 마치 낯선 길로 잘못 들어선 느낌이다.

여기에서 '낯설다.' 함은 단순히 우리의 생활에서 느끼는 생경함만을 의미하지 않는다. 과거의 경험들을 모두 동원한다 해도 어찌된 영문인지 상상력이 미치지 않기 때문이다. 문득 길을 잃고 헤매다가 마주친 신비한 풍경과 사물 앞에서 오랜 시간 되풀이해서 읽었지만 아직도 진도는 지지부진한 상태이다. 왜냐하면, 쉽게 해석될 수 없을 속뜻까지 애써 밝혀내려고 작심하고 그 시편들을 펼쳤기 때문이다. 시인이 시를 쓴다는 행위는 자음과 모음으로 이루어진 기존의 글자를 압축하거나 혹은 늘리거나 새로운 해석을 붙여서 전혀 새로운 시어(詩語)들을 만들어내는 작업이다. 그 새로운 시어들은 기존의 시어들과 차별성이 있어야 하며 가슴으로 느낄 수 있는 시어들이어야 좋은 시라고 할 수 있다. 그러한 맥락을 바탕으로 하여 석계 안상기 시인은 시에 어떠한 형태소를 부여하여 그만의 독특한 시적(詩的) 향기를 풍기고 있는지 연구해보고자 한다.

20세기 초 이른바 러시아 형식주의자들은 '실생활이나 사물의 정확한 모방보다는 그것의 본래의 모습을 일그러뜨려서 낯설게 한 형식의 예술작품들' 을 선호하고 권장하였다. 따라서 기존 독자들의 가치기준도 자연스럽게 그들이 주장하던 '진보' 의 색채로 바뀐 것이다. 그동안 익숙하게 다루어졌던 리얼리즘과 직관적 묘사는 자연스럽게 내몰리는 처량한 신세로 전락하게 된 것이다. 만인 중에서 선택된 독자라는 평론가들의 미적 가치척도의 잣대가 변한 것이다. 작가의 뚜렷한 주관과 개성 혹은 일관된 기교들보다는 특이하게 반죽이 된 이상스런 작품들에 대해 찬사를 보내는 기이한 현상이 생겨난 것이다. 그러다 보니 작가들조차 그러한 방향으로 작품을 쓰게 된 것이다. 심지어는 일반 독자들에게도 그 평론가들이 높게 평가한 그 작품을 잘 모른다면 교양이 없다고까지 단정하기도 했던 것이다.

뒷날에 신비평주의나 구조주의는 러시아에서 추방된 그 형식주의자들에 의해 체코, 프랑스, 영국 등은 물론 우리나라에까지 영향력을 행사한 것이다. 우리나라' 까지라는 말에 상당수 사람의 기분이 묘할 것으로 판단된다. 그러나 뒤돌아보라 그리고 주변을 살펴보라. 오래도록 국문학을 전공하고 연구하는 국문학자 중에서 '문학평론' 으로 성공한 혹은 활동하고 있는 학자가 과연 몇몇인가를. 비약하여 다시 말하자면 '영문학', '불문학' '독문학' 을 전공한 학자들만으로 우리나라 문학평론집단은 형성되어 있다고 할 수 있다. 그까짓 '국문학' 쯤은 깊이 알 필요가 없다. 외국문학을 전공해야 한다. 그래야만 우리나라의 시인과 시에 대해 이러쿵저러쿵 외국의 실례를 들어가며 평할 수 있다. 살기 좋은 금수강산 사대주의 대한민국으로 자연스럽게 되어버린 것이다. 평자는 문학에 뜻을 세우고 있는 대한민국 사람이다. '우리나라' 국문학이 되살아났으면 하는 바람에서 주제와는 각도가 빗나간 주제도 모르는 괜한 허튼소리 질러봤다. 하여튼 지금으로부터 약 100년 전 슈클로프스키는 다음과 같은 정의를 내리고 50여 년 동안을 이러한 큰소리치며 잘 살았다고 전한다.

「우리는 흔한 것은 경험하지 않는다. 그걸 살피지도 않는다. 그저 받아들여 버린다. 우리는 살고 있는 방의 벽들을 보지 않는다. 친숙한 언어로 쓰인 글에서 오자를 찾아내기란 쉽지 않다.」문맥이 정확하게 맞아떨어지는 것은 아니겠지만 대충 이러한 주장이었다. 요즘 사람들은 외국어 단어 중에서 철자 한 자만 빼먹어도 사람들은 깜짝 놀란다. 무식하다고 교양 없다고 야단들이다. 그런데 '한글'에서 받침이나 띄어쓰기가 틀리고 몇 글자쯤 문법이 어긋나도 넓은 아량으로 이해하고 대충 넘어간다. 그래야, 속 넓고 좋은 사람으로 대우도 받을 수 있다.

슈클로프스키의 말대로 '친숙한 언어'이기 때문일 것이다. 왜 그래야 되는지 도무지 이해가 되지 않는다. 외국어 좀 못(안)한다고 우리가 불편할 이유가 있겠는가? 세상에서 가장 좋은 언어는 모국어이다. 우리글 우리말 우리 한글이 사랑받는 세상은 어디에서 찾을 것인가. 그 뜻을 머나먼 이향 호주 캔버라에서 불꽃 같은 목소리로 전언하는 석계 안상기 시인의 가슴 뭉클한 시편에서 찾아 보기로 한다.

여명의 빛으로 이슬을 토하는 붉은 장미꽃
인생도 저 꽃처럼 붉었으면 좋으련만
어둠을 깨우는 노동자의 일상(日常)
바람처럼 흘러간 후에

내가 감아놓은 실타래 같은 이야기
내 삶의 황혼기에 들어서면
아침의 빛처럼, 오후의 석양처럼
저토록 아름답게 풀어놓을 수 있으려나

나그네처럼 떠돌던 시간들
시린 겨울바람 같았던 시간들
끝없이 마음의 공허를 겪으면서도
단단하게 나를 묶을 수 있었던
끈끈한 인연의 이름이 있기에
오늘도 이정표를 향해 걷고 있지 않은가

가깝고도 먼 고국 하늘로 생각의 속도는
끝없이 곡예를 할지라도
시간시간 세월을 향유하듯
등줄기에 검붉은 소금꽃 피우는 나그네
설 곳은 과연 어딘가, 영혼의 안식처는 어딘가
"영혼의 오아시스" 문학의 텃밭에 쟁기를 들고
나 어디에 서 있는가

[나 어디에 서 있는가] 전문

석계 안상기 시인의 제2시집의 표제시이자 서시이다. 이 대표시만으로도 안상기 시인의 오랜 세월 숙원이었던 문학에 대한 궁금증의 몇 가지 해답을 찾을 수 있었다. 시는 무엇인지, 그는 왜 숙명처럼 시를 떠나지 못하는지, 무엇을 쓸 것인지, 등은 지천명이 된 지금에도 항상 그의 화두였을 것이다. 밤새 머리를 쥐어짜다 새벽이 올 때쯤 비듬처럼 떨어져 나가는 사유의 가벼움들. 몇 번이고 분서를 하며 절필을 결심하면서도 다시 슬그머니 펜을 들곤 하는 떠나보낼 수 없는 편도의 사랑

가깝고도 먼 고국 하늘로 생각의 속도/끝없이 곡예를 할지라도/시간시간 세월을 향유하듯/등줄기에 검붉은 소금꽃 피우는 나그네/설 곳은 과연 어딘가 영혼의 안식처는 어딘가/"영혼의 오아시스" 문학의 텃밭에 쟁기를 들고/나 어디에 서 있는가//

기억을 거스르고 거스르면 결국 유년의 강에 다다르고 그 강의 한 귀퉁이에 생의 막막함이나 존재의 소멸에 대한 두려움으로 떨고 있는 한 시인을 만난다. 세상이나 사람과의 단절, 그런 지독한 고립 속에서 석양이 질 때까지 태평양 너머 고향과 밀담을 나누며 외로움의 망명을 떠나는 그런 시인을 만난다. 그 긴 여로에 지쳐 이향의 호수 바닥에 쓰러져 그가 울고 있을 때, 시는 그의 손을 잡아주었을 것이다. 그의 등을 떠밀며 끝나지 않는 길, 아니갈 수 없는 길에 동행이 되어 강가의 모닥불, 혹은 불 곁의 목쉰 노랫가락을 시의 대상으로 삼아 존재라는 것을 깨닫고 과거와 현재적 체험의 리얼리티로써 '상상의 서정주의'를 일궈내는 시인의 길을 걷고있는 것이다.

상념의 둥지를 열어
소년의 겨울날의 추억을 꺼내본다
가슴속이 시리고 아프다

이 좋은 세상에서 행복한 가정이란
이름표를 달고 살아간다는 것
세상사람들이 화려함으로 분장한 그 속에
나 또한 빛 좋은 것만을 읊어대면서

살고 있다는 것을
농부가 한 줌의 흙을 갈아엎고
봄날의 소생을 위해 소매를 걷어올리듯
나 또한 진실한 삶의 천 리 길을 달리기 위해
촌음을 아껴야 한다는 것을
나 어찌 모르리

설혹 하룻밤 사이에
천지 이변을 꿈꾸고
천길 벼랑 끝에 선다 해도
그 옛날 아팠던 추억 어찌 잊으리
가슴속에 숨겨진 상념의 둥지를......,

[나 어디에 서있는가. 2] 전문

서시와 같은 맥락의 시가 갖는 의미망은 탐색해 본다. 그는 왜 절필을 결심하다가도 신들린 듯이 다시 펜을 잡게 되는지 굳이 먹고사는 일이 아닐지라도 끊임없이 그의 촉수가 더듬더듬 시를 향해 가는지 이 시편을 통해 조금은 알듯 하다. 빗소리나, 장구소리, 징소리도 몸으로 받아 적어야 하는 사명, 그런 전생의 업을 신내림 처럼 받은 사람들이 시인은 아닐까. 그런 자연현상들이나 소리를 형상화하는 행위 그래서 그의 목쉰 노래가 세상과의 소통으로 이어질 때 비로소 더 이상 몸은 아프지 않은 것이다. 지독한 육신과 영혼의 통증으로부터 벗어나는 것이다. 석계 안상기 시인, 그의 유년과 현실, 고향과 고국, 먼 곳과 가까운 곳 사이에서 존재론적 결핍을 가진 그래서 그의 상처가 야생의 물과 도시의 삭막한 모래로 변주되어 시가 되고 노래가 되지 않았을까.

비 그친 들녘을 바라보며 막막한 바다 그 황혼녘에 홀로 그물을 던지는 어부 같은 사람, 물고기 한 마리 없는 바다일지라도 끝없이 시를 낚기 위해 바다에 몸을 던지는 사람, 존재와 존재 사이의 눈물겨운 소통을 위해 오늘도 서럽도록 눈부시게 몸을 비비고 있을 몸으로 말하는 시인 안상기의 자의식을 유추해 보자.

세월의 빗장 앞에
내가 머물러야 할 이유를 말하라면
한 가닥 빛을 잡기 위해서다
아팠던 속내 모두 다 태워서라도
흐르는 눈물 닦을 여유 그기 있기 때문이다

물이 흐르고 흘러 모이고 모여서
큰 강을 이루고 바다의 품에 안기듯이
어둠의 둔덕에서 꿈꾸어온 작은 희망이
나를 채찍질 하고 다듬어주었기에
미로에서 환한 길을 찾을 수 있었다
사람과 사람이
나란히 걷는 세상 속을 걸을 수 있었다

머나먼 시간의 밀월 속에서
푸르고 푸른 바다 같은 꿈 하나 펼치는
문학의 촛불 잔치 벌일 수 있었다

[미로에서] 전문

일상에서 좋아하는 일들을 하는 것이나 사소한 사물들 혹은 외지고 빛이 없는 곳에 작은 모닥불을 밝혀 밀담을 나누고 그들의 향기나 색깔을 만드는 일, 그런 것들이 시가 아닐까. 서정적 자아의 오랜 결핍과도 같은 타인의 상처를 어루만지고 생의 곁대가 되어 주는 일, 그런 거창한 것이 시가 아닐지라도 조문을 가거나 너를 기다리는 일, 혹은 폭설로 조난을 당하는 일조차도 시라고 이야기하는 것이다. "〈몸이 몸을 벗어나지 못〉" 하는 것이나 "〈얼룩말이 제 몸의 줄무늬를 벗어나지 못해 몸부림치듯 벌판을 달리듯〉"시는 생각이나 공상이 아니라 몸으로 씌어져야 한다는 것이다. 그는 '노래할 수 없음'에 대해 노래하면서, 풋것의 냄새를 풍기는 시심으로 세상을 향해 자신의 존재를 증명하고 있다.

석계 안상기 시인은 암울한 시대를 떠돈 순수한 정령들의 존재를 분명히 증언해 주는 시인이다. 신화적 상상력과 상징주의적 시작법을 바탕으로 시적 순결과 비애로 가득 찬 내면세계를 아름답게 형상화하였다. 결벽에 가까울 정도로 정직한 내면을 소유한 그의 '시'를 통해 이민 세대의 아픔을 내면화하면서 자신의 시의 영토를 확보해 나간다. 이 시대 삶의 고달픔이 구체화되어 짙은 그리움의 서정으로 화하고 있다. 또한, 존재의 정화와 떠남의 열망 속에서 자기 존재와 세상의 정화를 철저히 한 덩어리로 사유해 오고 있다.

구름이 한가롭게 노니는
가을하늘이 높고 청명하다
진실이 은폐되고 허상이 난무하는
인간의 마음을 아는 듯, 모르는 듯

캔버라에서 시드니로 가는

길 위에서 하늘을 보니
여지 저기 노란 가을꽃들이 손짓한다
진실을 노래하면서 가식을 품고 사는
인간의 마음을 조롱하는 듯

마음속에 웅크린 욕망의 덩어리
꼭두각시 같은 가면의 덩어리
모든 것 벗어버린
청명한 가슴으로 살아보라고.

[가면을 벗어야지] 전문

더 강인하고 끈끈한 것으로 자의식화 되고 이것이 석계 안상기 시인의 시의 특징적 모습으로 드러나고 있다. 그러면서도 이러한 자의식은 항상 밝고 빛나며 건강한 세계로 출구가 열려 있다는 점이 곧 그의 시적 특징의 핵심이랄 수 있다.

그의 시에서 읽을 수 있는 이러한 일련의 양상은 유년기 체험의 고달픔 또는 소박 근면함의 내면적 자의식화를 거쳐 시화된 것으로 볼 수 있다. 이렇게 현실적 리얼리티에서 출발하여 건강하게 단련된 자의식의 내면화를 거쳐 드러나는 시들이었기 때문에 그의 시는 주로 '어둠 넘어서기'의 양상을 드러낸다.

이 점은 동시에 석계 안상기 시인의 한 세대적 특징으로 파악될 수 있는 성질의 것으로 이민 세대의 고달픔과 오늘날 신세대의 풍요로움을 함께 체험한 중간세대의 특징적 양상으로서의 강인함과 건강함이라고 볼 수 있을 것이다.

석계 안상기 시인의 시의 특징을 살펴보면, 한가지 공통점을 발견할 수 있다. 그의 시는 가족공동체의 이야기와 유년의 농촌

풍물과 자연 등의 구체적 리얼리티를 바탕으로 하면서 이것들은 언제나 현재적 삶의 활력요소 꿈의 저장소로 살아 있게 하는 양식이 된다.

이런 리얼리티의 모습으로서 그의 시어의 특징이 가족호칭어, 농촌 풍물들과 자연이 많이 드러나는 것이 그것이다. 이것들은 현재적 삶에 대한 꿈의 저장소의 표상으로 주로 등장하며 밝은 이미지 계열의 시어들이 그것이다.

우수에 젖은 가슴
방황의 시간들은
추억 속의 혼돈이라 생각하면서
내 남은 삶엔
초지일관 아침이슬 같은
청량함만이 유혹하기를 바랄 뿐이다
바동대며 살아온 시간들에 보상일까
이루지 못한 꿈 다시 꿀 수 있는
그 세월로 한번쯤 되돌아가 보고 싶다
바람에 마음 실어 내 고향 충청도 그곳
하얀 복숭아꽃 바람에 날리던 그곳으로
터질 듯 품어본 그 꿈들을
다시 꿀 수 있는 그곳으로
내 영혼 그곳을 향하여 날아간다
고독이 춤추며 동행하는 밤마다
하얗게 안개처럼 피어올라
고요 속으로 날아간다

[꿈꾸던 고향] 전문

즉 '흰' '푸른' '빛나는' 등의 밝은 계열의 수식어들과 '복숭아꽃' '아침이슬'등과 같은 소재들로써 나타난다."〈낮달〉〈형님〉〈타향살이〉〈나도 예전엔〉〈고향에 가봐야지〉〈농부〉" 주로 가족호칭어, 농촌풍물어와 자연 그리고 밝은 이미지 계열의 시어들을 중심으로 뽑은 시들이다. 여기서 자주 등장하는 가족호칭어는 특히 공동체적 혈연관계의 밝은면으로서보다 주로 어둡고 아픈 기억으로 되살려지고 있음을 볼 수 있다. 이것은 시인의 세대적 특징의 한 모습으로 그가 살아온 삶의 리얼리티인 동시에 그에게는 과거 추억이 비록 그늘지고 아픈 것이었을지라도 이것이 모두 현재의 성실한 삶의 원천이었고 생활동력의 바탕이 되는 밑천이었음을 보여주고 있는 공통점을 가지고 있다. 그것은 그의 시에서 보았듯이 대체로 어둠과 아픈 체험이 오히려 현재적 자의식의 튼튼함과 삶의 건강함을 구축하고 있음으로 드러나고 있음을 알 수 있다. 이러한 특징은 그의 다른 시에게서도 많이 발견된다. '아버지''어머니''형님'등의 가족과 시골풍물 기타 시골식 이름들의 표현을 찾아볼 수 있다. 이렇듯 유년의 체험으로 인한 비슷한 시간 배경과 체험공간이 그의 시적 특성을 많은 부분 공유하게끔 한 요인이 되었다.

세상을 바꿀 수 없어 자신의 '몸의 피를 바꾸기'를 열망하며 '소리없이 거대해지는 한낮의 시간'의 밖으로 '떠나고 싶어하는 문자적 의미에서 풍기는 이미지와는 달리 혼돈에 찬 영혼을 품고 괴로워하는 모습을 보여준다. 그는 끊임없이 세상을 떠돌아다니지만, 어디에서도 자신이 원하는 것을 얻을 수는 없다.

강한 메시지성의 리얼리즘 시보다 오히려 리얼리티의 내면화를 거친 '건강한 자유'를 구사하고 있다. 그 특징적 양산은 먼저 유년기의 가난과 고달픔의 시골체험이 현재적 시각을 거쳐 건강한 그리움으로 재현되고 있다는 점이다.

삶의 역경 앞에서
오던 길 되돌아가리라 희망하고
나그네 인생
괴나리봇짐을 매고 떠나온 길목
하얀 눈으로 덮인 산야 두고
멀고 먼 길 돌아왔다 [*나그네 인생*] 일부

제 갈 길 열어가는 세월에
노을이 스며들면
구멍 뚫린 삶의 둔덕에
서릿발이 차갑다
붉은 이파리들 가을바람에 흩날리고 [*중년의 가을*] 일부

아프니까 청춘이라고
꽃진 자리 아직도 피멍이
시퍼렇게 살아있다
처절하고 황홀한 꽃의 몸
찬연한 아픔으로 살아나
가슴을 에이고 있다
아직도
가슴이 시리고 아픈 나는
슬픈 청춘의 꽃을 품고 있나 보다 [*덫*]

시인의 방랑은 변화없는 순환의 쳇바퀴를 벗어나지 못하며, 몸의 피를 다 바꾸고 싶은 존재 전환의 열망은 세상을 향해 '숨기고' 심지어 '빼앗겨야 하는' 금기로 규정된다. 주체가 자신과 세계를 거리를 두고 바라보는 '성찰'과 자신이 속한 세계의 외부

로 나아가는 '바깥의 사유'를 위한 수단에 한정되지 않는다. 석계 안상기 시인에게 세상은 '빛 속도'로 통과해야 할 '생의 속도'를 실제의 감각으로 체험하는 일이며, 존재의 리듬을 몸과 정신의 화음으로 향유하고 살아내는 일이다. 그에게 시는 생명체인 인간의 자기실현 과정의 상징인 것이다.

만찬의 꿈 두 어깨에 실어
의젓하게 폼 잡는 빛 좋은 개살구
검붉은 앵두처럼 화려한 초여름
출렁이는 하루가 흔들린다
내 육신의 땀꽃처럼

흐린 날 청개구리 한 마리
만찬을 꿈꾸며 우물 안에서 헤엄친다
중년 사내는 자신의 호탕함을 자랑하며
시간을 조롱한다
비록 땀에 절은 입성일지라도
내 어찌 의젓한 행세 누리고 싶지 않으리
문민의 거침없는 삶에도
해가 뜨고 달이 뜬다고 하지 않았던가

한평생 내 두 어깨 위에
철밥통 같은 삶이 달려있다는 것, 잊었다면
내 어찌 사랑하는 가족이 있었으리

[나의 하루] 전문

예시는 시계를 부정적으로 묘사하고 있으나, 결국 우리에게

회귀 되는 긍정적인 요소들도 소급하여 "한평생 내 두 어깨 위에/철밥통 같은 삶이 달려있다는 것, 잊었다면 /내 어찌 사랑하는 가족이 있었으리// 살다 보면 꿈도 멀지 않은 우리의 삶은 다시금 운동화 끈을 조이고 생으로의 한 걸음 한 걸음 나갈 준비를 해도 무방하다는 메시지를 시사한다. 그리고 그 부정 혹은 실제와 잘 맞지 않는 이론으로부터 나와, 보다 더 강력한 희망의 메시지를 역설적으로 피력한다.

시인은 결코 우리에게 절망과 음울함만을 주지 않는다. 하여 시인과 독자의 소통은 원활해진다. 반드시 희망의 메시지로만 소통이 원활해진다는 의미는 아니다. 이것은 소통의 여지를 의미하는 것이다. 시인은 전체적으로 희망을 조망하고 있다. 일상 속에서의 슬픔을 자아로 끌어들여 정제하고 가다듬은 다음 호소력 있게 우리에게 희망을 주고 있다.

유랑천리 역마(驛馬)가 간다
잃어버린 반세기 세월
대양을 누비고 대지를 누볐건만
사나이 홀로 누워 독백을 마시는구나

외로움을 벗 삼아 걸어온 길
돌아보니 봄바람 부는 고향 땅
망연한 하늘 바라보며 가야 하는 길
인걸이 간곳없는 향리의 길목
가슴에 매콤한 연기만 가득하구나

그리운 얼굴 기다림 간 곳 없고

빈들에 갈대처럼 버석거리는구나

[빈들] 전문

치열한 방랑의 끝없는 비극(?)이 잘 나타나 있다. 역마(驛馬). 이것으로부터 벗어날 수 있는 방법은 무엇인가? 그것은 걷는 것이다. 조용히 홀로 걷는 것이다. 바로 이것이 탈출로서의 〈방랑〉이다. 그러나, 고국에 닿아 있는 또는 닿을 수 있는 '향리의 길목'은 태평양 너머 까마득히 떨어져 있다. 그리하여 원래 있던 자리로 돌아가는, 곧 '귀향'은 쉽지 않다. 그것을 아는 '한 사나이'(시인)는 방랑으로부터 벗어나지 못한다. 따라서 방랑의 끝에서 또 방랑은 끝없이 시작된다.

방황하는 자는 길을 찾는 자다. 이 말은 뒤집어도 眞이다. 길을 찾는 자는 항시 방황하는 자이기 때문이다. 한 곳에 안주하거나 또는 식물적으로 정착하거나 그럴 때 〈찾음〉은 없다. '찾음'은 가치를 전제로 한 상향성의 고통을 수반한다. 따라서 찾음의 고통이 없을 때, 사람과 사회는 진전되지 않는다.

석계 안상기 시인의 시의 근간은 역마이다. 길떠남의 시학, 아마 이런 말이 그의 문학을 잘 포괄할 것이다. 헷세와 같은 방랑의 구름은 삶의 근원을 캐기 위한 길 찾기에 있다. 끊임없이 틀을 부수며 찾아 헤매는 그 떠도는 혼 — 그것은 석계 안상기 시인의 시의 출발점이자 도달점이다. 그의 시에 방랑의 시가 많은 것은 그 때문이다. 하지만, 방랑의 감각적 낭만이나 여행과는 엄격히 구별되는 곳에 그의 시는 있다.

걸어온 길, 되돌아갈 수 없는 길. 그 길은 기억 속에 살아있다. 시인은 지나간 기억에 등을 달아 추억한다. 다 닫히지 않은 과거는 다 닫힌 과거가 아니기에 어둡지만 기억하려고 등을 켜면 조금씩 보이는 것이다. 시간은 오늘을 과거로 만들고 내일

역시 과거로 만든다. 기억 속에 남아있는 오늘은 시간이 지나 점점 어두워지지만 그것이 소멸되는 것은 아니기 때문이다. 살아있는 것이다.

길이 석계 안상기 시인을 이끌고 시인은 길을 먹어 삼키며 끊임없이 길 위를 걷는다. 길 위를 걷고 있으며 길에서 떠나지 않는다. 시인에게 길은 여정, 행정의 길이며 또한 시간의 과정을 거치는 길이기도 하다. 또한, 앞으로의 목표를 상정하는 길이기도 하다. 길의 풍경에서 자신의 삶의 풍경을 보고, 자신의 삶에서 길의 풍경을 본다. 시인은 길 위에 서있다. 지금까지 걸어온 길을 돌아보고 있으며 앞으로 걸어가야 할 길을 바라보고 있기도 하다. 시인에게 있어 길은 어떤 의미인가. 이 시집에는 미로에 대한 노래들로 가득하다.

2011년 8월 10일 장산 바람재 우거에서 삼가 쓰다

나 지금 어디에 서 있는가?

인쇄	2011년 8월 25일
초판 1쇄 발행	2011년 8월 27일
지은이	안상기
펴낸이	전형철
편집	GAP
웹디자인	김태완
펴낸곳	모던포엠 출판부 도서출판 **채운재**
후원	월간 모던포엠
주소	100-861 서울시 중구 충무로2가 49-8 (서울빌딩 202호)
전화	02-704-3301
팩스	02-2268-3910
손전화	010-5466-3911
이메일	mopo64@hanmail.net
정가	10,000원